Das Omega-Training

Von Margarete Friebe sind folgende
Titel lieferbar:

Das Alpha-Training
Die Original-Methode: »Das Unbewußte entschleiert sich«

Geh durchs Tor, Miranda
Erlebnisse im Universum durch kosmisches Bewußtsein

Vom Kopf zum Herzen
Plädoyer für ein Umdenken im Management

Das Friebe-Alpha-Training
Motivations-Cassette

Die universale Liebe
Motivations-Cassette

Die heilige Pflicht zur Freude
Motivations-Cassette

Margarete Friebe

Das Omega-Training

Vom menschlichen
zum göttlichen Bewußtsein

Oesch Verlag

CIP-Titelaufnahme der Deutschen Bibliothek

Friebe, Margarete:
Das Omega-Training: vom menschlichen zum
göttlichen Bewußtsein / Margarete Friebe. –
3. Aufl. – Zürich: Oesch, 1990
ISBN 3-85833-357-3

2., vollständig überarbeitete Auflage
3. Auflage, 1990
Satz: Typobauer Filmsatz GmbH, Ostfildern 3
Druck und Einband: Franz Spiegel Buch GmbH, Ulm
Printed in Germany
ISBN 3-85833-357-3

Inhaltsübersicht

Zum Geleit

Ich bummelte an einem sonnigen Nachmittag im Spätsommer 1979 durch einen kleinen Ort im Tessin. Die Läden hatten ihre Auslagen draußen auf dem alten Kopfsteinpflaster ausgebreitet: Spitzendeckchen, Porzellanpuppen aus Großmutters Zeiten, alte verstaubte Bücher. Ein kleines Büchlein in einer blauen Leineneinfassung fuhr mit mir heimwärts. Der Titel »Hermetische Philosophie« hatte mich fasziniert. Monate vergingen. Das Büchlein lag vergessen im Kofferraum meines Wagens.

Schon lange warteten viele meiner ehemaligen Kursteilnehmer auf ein neues Seminar von mir. »Bewußtseins-Dimensionen« war der Titel zu meinem neuen Kurs. Im FRIEBE-ALPHA-TRAINING erläutere ich die Möglichkeiten des menschlichen Bewußtseins. Ich zeige den Weg auf, zur Bewußtseinserweiterung, zum umfassenderen Wahrnehmen und Erleben der sichtbaren und nicht sichtbaren Realität zu kommen mit Hilfe von geistigen

Übungen und dem Einblick in das seelisch-geistige Geschehen. Der Teilnehmer erlernt den Zugang zu den Kräften des Unterbewußtseins und die Anwendung dieser Kräfte für das Erreichen seiner Ziele.

Der Fortsetzungskurs »Bewußtseins-Dimensionen« sollte einen noch tieferen Einblick in die wunderbaren Möglichkeiten des menschlichen Geistes geben.

Da fiel mir beim Aufräumen meines Wagens das kleine blaue Büchlein wieder in die Hand. »Eine Studie über die Hermetische Philosophie von Alt-Ägypten und Griechenland – geschrieben von DREI EINGEWEIHTEN für HERMES TRISMEGISTOS – bekannt bei den Alt-Ägyptern als »DER GROSSE-GROSSE« und »MEISTER der MEISTER« (The Yogi Publication Society, Masonic Temple, Chicago).

Meine Liebe zu Alt-Ägypten, seinen Eingeweihten und Hohepriestern wurde lebendig. In diesem Büchlein steht: »Wenn der Schüler bereit ist, die Wahrheit zu empfangen, dann wird dieses kleine Buch zu ihm oder zu ihr kommen. Dies ist das Gesetz.« Und so fand ich dieses kleine Buch. Wenn Sie das sechste Gesetz von HERMES TRISMEGISTOS über »Ursache und Wirkung« studiert haben, wie ich es Ihnen im OMEGA-TRAINING® erläutern werde, dann erkennen Sie, daß es keinen »Zufall« geben kann.

Ich habe im OMEGA-TRAINING® Einsichten aus meinem mehr als zwanzigjährigen eigenen Studium tiefenpsychologischer, meditativer und geisteswissenschaftlicher Erkenntnisse dargelegt. Sie stimmen überein mit den Sieben großen Gesetzen des Alt-Ägypters HERMES TRISMEGISTOS, der die Gesetzmäßigkeiten im ganzen universalen Sein erläutert. Im kleinen wie im großen sind diese Gesetze ständig aktiv und wirksam. In allem ist eine geistige Gesetzmäßigkeit zu erkennen.

Durch das Beachten und Anwenden dieser Gesetze kommt man zu gewünschten Resultaten. Aus dem Reagierenden wird der Agierende; aus dem Sklaven der Meister.

Die Ausführungen in meinem Buch sollen Ihnen helfen, die Möglichkeiten und Fähigkeiten des menschlichen Bewußtseins zu erkennen. So gliedert sich dem ersten Teil der zweite an, in dem Sie unter anderem Erläuterungen von dem Geisteswissenschaftler Rudolf Steiner aus seinem Werk »Ägyptische Mythen und Mysterien«[1] finden: Die Entwicklung des menschlichen Bewußtseins durch die Sieben Kultur-Epochen auf dem irdischen Planeten zeigt den Prozeß der steigenden Bewußtseinserweiterung bis hinauf zur siebten nachatlantischen Kultur-Epoche. Erstaunliche Aufschlüsse wird derjenige über die Entstehung der Erde aus geisteswissenschaftlicher Sicht erhalten, der für möglich halten kann, daß es zu allen Zeiten hohe Eingeweihte und Geistesforscher gegeben hat, die das »Verborgene«, das »Geheime«, man nennt es auch das »Okkulte«, erken-

1 Rudolf-Steiner-Verlag, Dornach/Schweiz.

nen konnten. Eine solche Persönlichkeit war Rudolf Steiner, der sich mit seinem Bewußtsein in andere geistige Ebenen erheben konnte.

Sie werden manches erfahren, was neu, überraschend – vielleicht auch unfaßbar – erscheint. Lehnen Sie nicht gleich das Unfaßbare ab. Versuchen Sie sich einmal vorzustellen, daß es – speziell auch in vergangenen Kulturepochen – geistige Größen gegeben hat, deren hohes Geistesgut uns heute noch zu Staunen und Ehrfurcht veranlassen. Bedenken Sie, daß wir heutigen Menschen ein Bewußtsein haben, das beinahe ausschließlich sich mit den äußeren Abläufen beschäftigt. Mit dem Sichtbaren. Doch alles Sichtbare ist das Ergebnis unsichtbarer geistiger Prozesse. Alles ist das Produkt der Idee. Aus der Idee ist alles Sichtbare entstanden. So haben besonders die weisen Philosophen vergangener Kulturepochen sich mit dem Unsichtbaren, mit dem Geistigen auseinandergesetzt. Sie haben ihr Denken, ihr Bewußtsein geschult, sich auf die Schwingungsebenen geistiger Bereiche versetzen zu können. Dazu gehört in unserer heutigen Zeit auch Rudolf Steiner (1861–1925). So können wir von all den großen Weisen lernen, die Fähigkeiten hatten und haben, die der heutige Mensch sich allmählich erarbeiten kann durch den beginnenden Prozeß einer Bewußtseins-Erweiterung mit dem Einsatz eines reinen Denkens, das frei von Begrenzungen, Bindungen, Vorurteilen, Antipathien, Sympathien usw. ist.

Wenn Sie immer mal wieder den Versuch unternehmen, sich mit Liebe und Ehrfurcht zum Leben auf allen Ebenen des Seins zu erfüllen, dann kommt Ihre Seele in einen Schwingungszustand, der dem Bewußtsein Impulse gibt, mehr von dem nicht sichtbaren Teil der Realität erkennen zu können.

Das OMEGA-TRAINING® soll dazu beitragen.

Wir können nie in andere Dimensionen aufsteigen, wenn wir uns nicht selbst beherrschen und steuern.

Solange uns noch die verschiedenen negativen Emotionen herunterdrücken, die durch ein Mißachten der geistigen Gesetze entstehen, so lange ist ein Aufsteigen in andere Bewußtseins-Dimensionen mit all den erhabenen, glückseligen Eindrücken nicht möglich.

Es kann Sie auch kein anderer auf weitere geistige Ebenen führen – Sie würden diese Ebenen gar nicht wahrnehmen –, denn nur durch eine eigene geistige Entwicklung befähigen Sie sich selbst, Ihren Bewußtseinszustand zu verändern. Und nur mit diesem veränderten Bewußtseinszustand können Sie andere (weitere) Bewußtseins-Dimensionen erleben und erkennen.

Und so zeigt Ihnen dieses Buch die großen SIEBEN GEISTIGEN GESETZE oder Prinzipien aus einer der ältesten Philosophien, aus der »Hermetischen Wissenschaft«.

Die SIEBEN GROSSEN GEISTIGEN GESETZE sind der Schlüssel zur Weisheit.

Der, der sich ernsthaft geistig entwickeln will, muß einige Bedingungen erfüllen, ohne die eine Entwicklung gar nicht stattfinden kann.

Die Bedingungen sind:
– Liebe zur Geistigen Welt, die es möglich macht, im Sinne der Evolution mitzuwirken.
– Beim Streben nach Verwirklichung Ihrer Wünsche sollten Sie sich das Gefühl erhalten (oder immer wieder neu schaffen), daß alle Ihre Absichten und Handlungen auch dazu beitragen sollen, mehr innere Harmonie und innere Freiheit zu erlangen als helfende Elemente zu einer geistigen Entwicklung.

Die Liebe zur Geistigen Welt kann vor allem durch ein errungenes Wissen von der Existenz und Wirkung geistiger Welten und Wesen entstehen. Diese Liebe bewirkt auch, daß die Triebfeder zur Entwicklung nicht die bloße Neugier ist.
– Denn die bloße Neugier ist gerade eine Blockade – wie vor allem auch die Ungeduld. Diese Eigenschaften wirken wie »Boxhiebe« in der Geistigen Welt, und sie verscheuchen alles, was uns entgegenkommen möchte. Sie verhindern jede Offenbarung.
  Wie auch jede Oberflächlichkeit – jedes drängende, zu schnelle Vorgehen – Barrieren errichten.
  Wer andere geistige Bewußtseins-Dimensionen mit Hilfe eines erweiterten Bewußtseins kennenlernen

will, der muß sich das Verantwortlichkeitsgefühl erarbeitet haben, das ihm hilft, bei der Erlangung von Wissen und Erkenntnis, auch die »scheinbar« kleinsten und nebensächlichen Aussagen ernsthaft zu beachten.

Geistiges Wissen setzt sich nicht immer aus großen, erschütternden Worten zusammen.

Geistiges Wissen und geistige Erkenntnis erreicht der, welcher mit Ernst und Hingabe auch die kleinen Stufen beachtet, ohne nach dem Lohn, nach den Früchten zu gieren.

Der Erfolg stellt sich ein. Automatisch. Er stellt sich immer dann ein, wenn man durch ein beständiges, treues Bemühen um geistige Erkenntnis (die man auch in die äußeren Handlungen einfließen läßt) eine innere Reife erlangt hat. Und dieser Erfolg entschädigt nicht nur für alle Mühe, für das Einhalten der Bedingungen auf dem Weg zur geistigen Entwicklung, sondern er läßt allen Aufwand gering erscheinen – gemessen an den unaussprechlichen, erschütternden, wunderbaren Erlebnissen und Eindrücken.

Nun wollen wir zusammen an die Arbeit gehen. Lesen Sie langsam. Denken Sie mit.

Je gründlicher Sie sich den Inhalt dieses Buches erarbeiten, desto tiefer graben sich die Erläuterungen in Ihr Unterbewußtsein, in Ihre Seele, ein und erzeugen Wirkungen, die Sie auf ein anderes geistiges Niveau heben, das Ihnen erlaubt, andere bereichernde und erfreuliche Erlebnisse zu haben.

Bei der Erläuterung der SIEBEN GROSSEN GEISTIGEN GESETZE müssen wir »Klein-Arbeit« leisten. Nur diese »Klein-Arbeit« vermittelt das notwendige Wissen, das notwendige Verstehen.

Nur mit diesem Wissen und Verständnis können Sie die Gesetze »anwenden« und die wunderbaren Ergebnisse erleben.

Jetzt erläutere ich Ihnen den »Schlüssel zur Weisheit« – der aus den SIEBEN GESETZEN des »HERMES TRISMEGISTOS« besteht. Ich habe mich weitgehend an die erwähnte englische Ausgabe gehalten, die ich mit wenigen eigenen Gedankengängen und Erfahrungen unterstützt habe. Die Sieben Gesetze habe ich sinngemäß getreu wiedergegeben. Da sie wohl inhaltlich, jedoch nicht immer wörtlich der Originalausgabe aus dem Jahre 1908 entsprechen, habe ich auf Anführungszeichen verzichtet. Die Tabelle zum Zweiten Hermetischen Gesetz habe ich der Übersicht wegen in dieser Weise entwickelt.

Ostern 1982 Margarete Friebe

Beherrschung des Schicksals durch Anwendung der Gesetze: Bewußtseins-Dimensionen

HERMES TRISMEGISTOS – ein großer Eingeweihter – der Meister der Meister – »Trismegistos« heißt: der dreimal Große. Hermes – »hermetisch« heißt soviel wie »geheim«.

HERMES lebte in der ältesten ägyptischen Dynastie. Die Ägypter haben ihn später zu ihrem Gott gemacht unter dem Namen Toth. Noch später haben ihn die alten Griechen auch zu einem ihrer vielen Götter gemacht. Sie nannten ihn »Hermes« = den Gott der Weisheit.

Alle großen, wahren Philosophien sind auf HERMES zurückzuführen. Die hermetische Philosophie ist in allen Ländern zu finden, in allen wahren großen Religionen, sie ist aber nicht identifizierbar mit irgendeinem Land, Volk, mit irgendeiner Religion. Sie steht über allem.

Die hermetische Philosophie ist ein Schlüssel zur Weisheit geistiger Welten. Sie sagt:

»Wenn die Ohren des Studenten die Reife haben zu

hören, dann kommen die Lippen, um sie mit Weisheit zu füllen.«

Von Alt-Ägypten kamen die fundamentalen esoterischen und okkulten Lehren, welche so stark die Philosophien aller Rassen, Nationen und Leute für Tausende von Jahren beeinflußt haben. Ägypten, die Heimat der Pyramiden und Sphinxe, war der Geburtsplatz der verborgenen Weisheit und Mystischer Lehren. Von der geheimen Lehre entliehen alle Nationen. Indien, Persien, Chaldäa, Mediäa, China, Japan, Assyrien, Alt-Griechenland und Rom und andere alte Reiche nahmen beträchtlichen Anteil an dem Fest des Wissens, welches die Hohepriester und Meister vom Land der Isis so frei vorsahen für solche, die vorbereitet kamen, um an dem großen Schatz der Mystik und okkulten Lehre teilzuhaben, welche die führenden Geister dieses Alten Reiches gesammelt hatten.

In Alt-Ägypten weilten die großen Adepten und Meister, die niemals übertroffen worden sind und denen selten jemand gleichkam in den Jahrhunderten, die vorbeiflogen seit den Tagen des Großen HERMES.

In Ägypten war die »Große Loge der Logen der Mystik« beheimatet. Die Eingangstüren ihrer Tempel betraten die Neophyten, die dann später als Hyrophanten, als Hohepriester, als Adepten und Meister zu den vier Gegenden der Erde reisten, um das hohe Wissen mit Bereitschaft, eifrigem Bemühen und festem Willen an die weiterzugeben, die bereit waren, es zu empfangen. Alle Studenten der Geheimlehre anerkennen die Verpflichtung, die sie diesen ehrwürdigen Meistern des Alten Reiches schulden.

Doch zwischen diesen großen Meistern von Alt-Ägypten weilte einst jemand, den diese Meister begrüßten als »Den Meister der Meister«. Er war bekannt als HERMES TRISMEGISTOS. Er war der Vater der okkulten Weisheit, der Gründer der Astrologie, der Entdecker der Alchemie. Der Zeitpunkt seines Verweilens in Ägypten, seiner letzten Inkarnation auf diesem Planeten, ist unbekannt; doch er ist festgesetzt worden in der Frühzeit der ältesten ägyptischen Dynastien, lange vor Moses Zeit. Die höchsten und besten Autoritäten betrachten ihn als Zeitgenossen von Abraham, und einige der jüdischen Traditionen gehen so weit zu behaupten, daß Abraham einen Teil seines mystischen Wissens von HERMES selbst erlernte.

Die Ägypter verehrten sein Andenken viele Jahrhunderte lang und bezeichneten ihn als den »Schriftgelehrten der Götter«. Sie verliehen ihm – kennzeichnend – den ehrwürdigen Titel »TRISMEGISTOS«, was bedeutet, »der dreimal Große«; der »Große-Große; der Größte Große« usw. In allen alten Zeiten wurde der Name von HERMES TRISMEGISTOS verehrt; der Name stellt ein Synonym dar für »die Schrift der Weisheit«.

Der aus alten Zeiten stammende Okkultismus von Indien und Persien degenerierte und ging größtenteils verloren. Dies ist der Tatsache zu verdanken, daß die

Lehrer Priester wurden und so Theologie mit Philosophie mischten. Das Ergebnis ist, daß die Geheimlehren von Indien und Persien allmählich verlorengingen in der Masse des Aberglaubens, des Kults, der Glaubensbekenntnisse und »Götter«. Genauso geschah es mit Alt-Griechenland und Rom. Und so geschah es auch mit den Hermetischen Lehren der Gnostiker und frühen Christen; die Lehren gingen verloren zu der Zeit von Konstantin, dessen eigene Hand Philosophie zerschmetterte mit der Unterdrückung durch die Theologie. Es verschwand und verlor sich das in der Christlichen Kirche, was der tiefe innere Kern, das Wesentliche, Geist und Seele der Hermetischen Lehre waren; sie tappten im dunkeln durch die vielen Jahrhunderte, bevor sie den Weg zurückfanden zu ihrem Ursprung. Die Anzeichen sind offensichtlich für alle sorgfältigen Beobachter in diesem zwanzigsten Jahrhundert, denn die Kirche ringt jetzt zum Teil mit sich, zurückzukommen zu ihren uralten, mystischen Lehren.

Doch es gab immer einige treue Seelen, die die Flamme am Leben gehalten und sie sorgsam gehütet haben, die nicht zuließen, daß ihr Licht verlosch. Dank sei diesen treuen, unerschütterlichen Herzen und furchtlosen Geistern; durch sie besitzen wir immer noch die Wahrheit. Sie ist jedoch nicht in größerem Umfang in Büchern zu finden. Sie ist weitergereicht worden vom Meister zum Schüler; vom Eingeweihten zum Hyrophanten; von Mund zu Ohr. Wenn es überhaupt niedergeschrieben wurde, dann wurde ihr Sinn verschleiert hinter der Sprache der Alchemie und Astrologie, so daß nur die es lesen konnten, welche den Schlüssel besaßen. Dies wurde notwendig, um der Verfolgung durch die Theologie im Mittelalter zu entkommen, die mit Feuer und Schwert, Scheiterhaufen, Galgen und Kreuz die Heilige Lehre bekämpften. Selbst in unserer Zeit kann man nur wenige zuverlässige und glaubwürdige Bücher der Hermetischen Philosophie finden, obwohl unzählige Hinweise und Beziehungen zur Hermetischen Lehre in verschiedenen Büchern zu finden sind, die zu den diversen Stufen des Okkultismus geschrieben wurden. Und doch: Die Hermetische Philosophie ist der einzige Hauptschlüssel, der all die Türen zu den Geheimen Lehren öffnet.

In alten Zeiten gab es eine Sammlung gewisser fundamentaler Hermetischer Lehren, die vom Lehrer zum Schüler weitergereicht wurden, Hermetische Lehren, die bekannt waren unter »DER KYBALION«. Der genaue Sinn und die Bedeutung dieser Bezeichnung ist für viele Jahrhunderte verlorengegangen. Diese Lehre ist denen, die sie hören durften, bekanntgeworden von Mund zu Ohr – immer wieder durch die Jahrhunderte. Verstanden wurde sie nur von den Schülern der Hermetischen Eingeweihten, die die Tarnung beiseiteschieben konnten und durften.

In diesem Buch finden Sie Aussagen von drei Hermetischen Eingeweihten, die sich selbst als demütige

Schüler der Hermetischen Lehren bezeichnen, obwohl sie den Titel von Eingeweihten tragen, aber dennoch Schüler zu den Füßen von HERMES, dem Großen Meister, sind. HERMES TRISMEGISTOS – der Meister der Meister, der Große-Große – in den Worten von »DER KYBALION«.

Der Alles

Hinter allen äußeren Erscheinungen oder Manifestationen muß immer eine Substantielle Wirklichkeit sein. Dies ist das GESETZ. Der Mensch, der das Universum in Betracht zieht, von dem er ein Teil ist, sieht überall einen ständigen Wandel in der Materie, in den Kräften und Wirkungen und auch in allen seelisch-geistigen Zuständen. Er sieht, daß nichts wirklich IST, sondern daß alles ständig im Werden und Wandel ist. Nichts steht still – alles wird geboren, wächst, stirbt. Genau in dem Moment, wo etwas seinen Höhepunkt erreicht, beginnt der Abstieg – das »Gesetz des Rhythmus« ist in ständiger Aktion –, es gibt keine Realität, andauernde, bleibende Qualität, keine Beständigkeit; nichts ist von Dauer als nur der Wandel. Der Mensch sieht, daß sich alles aus etwas entfaltet und entwickelt hat und sich wieder in anderes auflöst oder umwandelt: eine beständige Aktion und Reaktion; Einströmen und Ausströmen; Aufbau und Abriß; Schöpfung, Erzeugung und Zerstörung; Geburt, Wachstum und Tod. Nichts ist beständig als nur der Wandel. Und wenn er ein denkender Mensch ist, dann erkennt er, daß all diese ständig wandelnden Dinge äußere Erscheinungen oder Manifestationen einer zugrundeliegenden Macht sind, einer Substantiellen Realität.

Alle Denker in allen Ländern und zu allen Zeiten haben die Notwendigkeit der Grundvoraussetzung dieser Substantiellen Realität als wahr angenommen und gelten lassen. Alle großen wahren Philosophien basieren auf diesem Gedanken. Die Menschen haben dieser Substantiellen Realität viele Namen gegeben – aber alle haben ihre Existenz bestätigt. Es ist einleuchtend – es bedarf keines Argumentes.

Die größten Denker aller Zeiten, der antiken und jüngeren Zeit – die Hermetischen Meister – haben dieser zugrundeliegenden Macht, dieser Substantiellen Realität, den Hermetischen Namen DER ALLES »The ALL«, gegeben, was philosophisch betrachtet auch DAS ALLES oder DAS GANZE bedeuten kann, um das Übergeordnete, das Nichtgeschlechtliche herauszustellen.

Wir akzeptieren und lehren die Ansicht der großen Hermetischen Denker aller Zeiten, wie auch der erleuchteter Seelen, die eine höhere Ebene des Seins erreicht haben; sie alle erklären, daß das innere Wesen von DER ALLES unerfaßbar ist. Dies muß so sein, denn *nur* DER ALLES selbst kann sein eigenes Wesen und Sein erfassen. Die Hermetiker glauben und lehren, daß DER ALLES *»in sich selbst«* immer unerfaßbar ist und sein wird. Sie betrachten all die Theorien, Mußmaßungen und Spekulationen der Theologen und Metaphysiker über das innere Wesen von DER ALLES als kindische Bemühungen Sterblicher, das Geheimnis des Ewigen zu erfassen. Solche Bemühungen sind immer gescheitert und werden immer scheitern, gerade durch die Beschaffenheit dieser Aufgabe.

Und sogar noch vermessener sind solche, die den Versuch unternehmen, DER ALLES ihre eigene Persönlichkeit, ihre eigenen Qualitäten, Eigentümlichkeiten, Charakteristika und Eigenschaften zuzuschreiben, DER ALLES die menschlichen Gefühle, Stimmungen, Eigenarten zuzuordnen bis herunter zu den kleinlichen Äußerungen des Menschen, wie Eifersucht, Empfänglichkeit für Komplimente und Anerkennung, den Wunsch nach Geschenken und Verehrung und all den anderen Überbleibseln aus den Kindheitstagen der menschlichen Rasse. Solche Ideen sind der erwachsenen Männer und Frauen nicht würdig und sollten schnell abgelegt werden.

An dieser Stelle sollte erwähnt werden, daß die Hermetischen Eingeweihten einen Unterschied zwischen Religion und Theologie – zwischen Philosophie und Metaphysik machen:

Religion bedeutet für sie die intuitive Wahrnehmung der Existenz von DER ALLES und die eigene Verbindung dazu;

während Theologie bedeutet, den Versuch zu unternehmen, Persönlichkeit, Individualität, Qualitäten, charakteristische Eigenschaften und Merkmale DER ALLES zuzuordnen. Die Theorien der Theologen beziehen sich auf die Angelegenheiten, den Willen, die Wünsche, Pläne und Absichten von DER ALLES und ihre eigene Funktionsübernahme, als Mittelsmänner zwischen DER ALLES und den Menschen zu fungieren.

Philosophie bedeutet für die Hermetiker die Untersuchung erkennbarer und denkbarer Vorgänge und Angelegenheiten,

während Metaphysik den Versuch darstellt, die Untersuchungen über die Grenzen hinauszutragen in unerkennbare und undenkbare Bereiche mit derselben Tendenz, die der Theologie zu eigen ist.

Konsequenterweise resultiert hieraus für die Hermetiker, daß sowohl Religion wie Philosophie ihre Wurzeln in der Realität haben, während Theologie und Metaphysik wie schwankende Rohre erscheinen, die verwurzelt sind im Treibsand der Ignoranz und nichts weiter bieten als den höchst unsicheren Untersatz für Seele und Geist des Menschen.

Die Hermetischen Lehrer bestehen nicht darauf, daß ihre Studenten diese Definition übernehmen – sie erwähnen es lediglich, um ihre Haltung offenzulegen. Auf jeden Fall werden Sie in diesem Buch wenig über Theologie und Metaphysik hören.

Doch während das innerste Wesen von DER ALLES unerkennbar ist, gibt es doch gewisse Wahrheiten, die mit seiner Existenz verbunden sind, die dem menschlichen Geist abnötigen, diese Wahrheiten anzunehmen.

Lassen wir uns nun eine gewissenhafte Prüfung der Hermetischen Eingeweihten vorführen. Ihre Berichte stimmen mit denen der sogenannten Erleuchteten überein:

»Das, welches die Fundamentale Wahrheit ist – liegt außerhalb irgendeiner wahren Namensgebung – doch die Weisen bezeichnen sie mit DER ALLES.

In seinem innersten Wesen ist DER ALLES unerkennbar.

Aber das Zeugnis der Vernunft sollte gastfreundlich aufgenommen und mit Respekt behandelt werden.«

Der menschliche Verstand, dessen Berichte wir entgegennehmen müssen, solange wir überhaupt denken, informiert uns über DER ALLES folgendermaßen, ohne den Versuch zu unternehmen, den Schleier des Unerkennbaren zu entfernen.

1. DER ALLES muß ALLES sein, das WIRKLICH IST. Es kann nichts außerhalb von DER ALLES existieren, sonst wäre DER ALLES nicht DER ALLES.
2. DER ALLES muß unendlich sein, denn es gibt sonst nichts, was DER ALLES definieren, begrenzen, binden, einschränken oder hemmen kann. DER ALLES muß unendlich sein in der Zeit oder unsterblich, ewiglich

– ER muß immer unaufhörlich existiert haben, denn es gibt nichts sonst, was IHN jemals kreiert hat, und Etwas kann sich niemals von Nichts entwickeln, und wenn DER ALLES jemals nicht gewesen wäre, selbst für einen Augenblick nicht, dann würde ER jetzt nicht »sein«. – ER muß unaufhörlich existieren, denn es gibt nichts, das IHN vernichten kann, und ER kann niemals nicht sein, auch nicht einen Moment lang, weil Etwas niemals Nichts werden kann. ER muß endlos im Raum sein. ER muß überall sein, denn es gibt keinen Raum außerhalb von DER ALLES. ER kann nicht anderweitig sein als ununterbrochen im Raum, in der Weite, ohne Pause, Stillstand, Trennung oder Unterbruch, denn es gibt nichts, was Seine Kontinuität pausieren, separieren oder unterbrechen könnte, und es gibt nichts, womit die Lücken gefüllt werden könnten.

DER ALLES muß unendlich, unbegrenzt sein in der Kraft oder unbeschränkt, absolut, vollkommen, denn es gibt nichts, was IHN einschränken, zurückhalten, begrenzen, verwirren oder verändern könnte. – DER ALLES ist von keiner anderen Kraft abhängig, denn da ist keine andere Kraft.

3. DER ALLES muß unwandelbar sein oder nicht einem Wandel in seinem wahren Wesen unterworfen sein, denn da gibt es nichts, was einen Wandel an ihm vollziehen kann, es gibt nichts, in das ER sich wandeln könnte, oder von was er sich hätte wandeln

können. ER kann weder zu etwas hinzugefügt oder von etwas abgezogen werden, noch wachsen, sich vermehren oder sich verringern, noch größer noch geringer werden, in welcher Beziehung auch immer. ER muß immer gewesen sein und muß immer bleiben, gerade was ER jetzt ist: – DER ALLES. – Da hat es niemals etwas anderes gegeben, nicht jetzt, und es wird nie etwas anderes geben, in das sich DER ALLES wandeln könnte.

Wenn DER ALLES unendlich, absolut, vollkommen, ewiglich, unwandelbar ist, muß daraus gefolgert werden, daß alles Endliche, Wandelbare, Vergängliche und Bedingte nicht DER ALLES sein kann. Und wenn dann nichts außerhalb von DER ALLES, von der Wirklichkeit ist, dann müssen alle solche endlichen Dinge ein Nichts in der Wirklichkeit sein.

Seien Sie geduldig mit sich selbst im Verstehen dieser Ausführungen. Lesen Sie es langsam und nach einiger Zeit wieder. Dadurch bilden sich allmählich in Ihrer Seele Kräfte, die zum Verstehen beitragen.

Um uns herum sehen wir das, was wir als »Materie« bezeichnen, welches die physische Grundlage für alle Formen bildet. Ist DER ALLES lediglich Materie? Auf keinen Fall! Materie kann nicht Leben oder Geist offenbaren, doch da Leben und Geist im Universum offenbart sind, kann DER ALLES nicht Materie sein, denn nichts erhebt sich über seinen eigenen Ursprung –

nichts ist jemals manifestiert in einer Wirkung, was nicht in der Ursache vorhanden war; nichts hat sich jemals als eine Folge entfaltet, das nicht in einem Vorhergehenden verwickelt war.

Die Wissenschaft informiert uns, daß es eigentlich gar nicht solch eine Sache wie Materie gibt, daß das, was wir Materie genannt haben, lediglich unterbrochene Energie oder Kraft ist, das heißt Energie oder Kraft auf einer niedrigen Vibrationsstufe. Ein Schriftsteller drückte sich folgendermaßen aus: »Materie ist ins Mysterium geschmolzen.« Sogar die Naturwissenschaft hat die Theorie der Materie aufgegeben und ruht nun auf der Basis der »Energie«.

Ist nun DER ALLES bloße Energie oder Kraft? Keine Energie oder Kraft in dem Sinn, wie die Materialisten diese Begriffe gebrauchen, denn ihre Energie und Kraft sind blinde, mechanische, automatische Dinge ohne jedes Leben oder Geist. Leben und Geist können niemals entstehen von blinder Energie und Kraft aus dem Grund, der kurz vorher genannt worden ist: »nichts kann sich über seinen eigenen Ursprung erheben, nichts hat sich jemals als eine Folge entfaltet, das nicht in einem Vorhergehenden verwickelt war; nichts ist jemals manifestiert in einer Wirkung, was nicht in der Ursache vorhanden war.« Und so kann DER ALLES nicht bloße Energie oder Kraft sein; wenn er es wäre, dann könnten da nicht solche Dinge wie Leben oder Geist existieren: – wir wissen mehr als das, denn wir sind lebendig und benutzen unseren Geist, um gerade über diese Frage nachzudenken.

Was ist denn höher als Materie und Energie, von dem wir wissen, daß es im Universum existiert? LEBEN UND GEIST in ihren verschiedenen Entwicklungsstufen. »Dann«, fragen Sie, »bedeutet dies, daß DER ALLES LEBEN UND GEIST ist?« »Ja! und Nein!« ist die Antwort der Hermetiker. Wenn Sie unter LEBEN UND GEIST die Vorstellung der kleinen sterblichen Menschen meinen, dann sagen die Hermetiker »Nein!« »Aber was für eine Sorte von LEBEN UND GEIST meinen sie denn?« fragen Sie. Die Antwort ist: »LEBENDER GEIST«, weit darüber hinaus, was sich Sterbliche unter diesen Begriffen vorstellen können, denn LEBEN UND GEIST sind höher als mechanische Kräfte oder Materie – UNENDLICHER LEBENDER GEIST im Vergleich zum endlichen Leben und Geist. Die Hermetiker meinen das, was die erleuchteten Seelen meinen, wenn sie ehrfurchtsvoll das Wort »GEIST« aussprechen.

»DER ALLES ist UNENDLICHER, LEBENDER GEIST – die Erleuchteten bezeichnen es mit GEIST!«

Ich erkläre Ihnen jetzt die »SIEBEN GESETZE« – oder auch »Prinzipien« genannt – der Hermetischen Philosophie, die der Schlüssel zur Weisheit – zu anderen, höheren Bewußtseins-Dimensionen sind.

1. DAS GESETZ DES GEISTES
2. DAS GESETZ DER ENTSPRECHUNG
3. DAS GESETZ DER VIBRATION UND SCHWINGUNG
4. DAS GESETZ DER POLARITÄT
5. DAS GESETZ DES RHYTHMUS
6. DAS GESETZ VON URSACHE UND WIRKUNG
7. DAS GESETZ DES GESCHLECHTS

Das erste Gesetz des Geistes

Die Hermetische Wissenschaft bezeichnet Gott mit dem Begriff DER ALLES.

HERMES lehrt: »DER ALLES« ist Geist – und das Universum ist geistig.

»DER ALLES« ist die Substantielle Wirklichkeit, die allen äußeren Manifestationen und Erscheinungen zugrunde liegt, also der hiesigen physischen Welt, dem Phänomen des Lebens, der Materie und Energie.

»DER ALLES« ist Geist, unerkennbar und unbestimmbar, aber wir können uns eine Vorstellung davon machen als ein universaler, unendlicher, ewig lebender Geist.

Es wird erklärt, daß die äußere Welt wie das Universum einfach eine geistige Schöpfung ist von »DER ALLES«.

Das Universum als Ganzes und in seinen Teilen, Partikelchen, Energien und Einheiten hat seine Existenz im

Geiste von »DER ALLES«. In diesem Geiste leben wir, bewegen wir uns, haben wir unser Sein.

Das Universum ist geistig. Es hat seine Existenz und wird gehalten im Geiste von »DER ALLES«.

Und »DER ALLES« ist Geist.

Aber was ist Geist?

Diese Frage kann nicht beantwortet werden.

Denn die Denifition von »Geist« wäre praktisch auch die Definition von »DER ALLES«, welcher nicht erklärt oder definiert werden kann. Der Begriff »Geist« ist lediglich von Menschen geschaffen worden, um dem Unfaßbaren, Unaussprechlichen einen Namen zu geben. Wenn wir den Begriff »Geist« verwenden, müssen wir uns bewußt sein, daß wir ihn nicht ganz erfassen und verstehen können.

»DER ALLES«, der Geist, das höchste Bewußtsein, hat alles geschaffen, schafft alles.

»DER ALLES« ist in allem – und alles ist in »DER ALLES«.

»DER ALLES«, das höchste Bewußtsein, ist sich stets aller Teile seiner Schöpfung »bewußt«. Aber »DER ALLES« ist immer mehr, als alle Teile seiner Schöpfung darstellen.

Da nichts von nichts kommen kann, von was hat dann »DER ALLES« das Universum mit allen seinen Inhalten und Teilen geschaffen?

Manche Philosophen meinen, »DER ALLES« hat alles

von sich selbst geschaffen. Das kann aber nicht sein, er kann nichts von sich wegnehmen, nichts hinzufügen, nichts teilen. Das Universum besteht nicht aus »Fragmenten« von »DER ALLES«.

Da aber außerhalb von »DER ALLES« nichts existiert, von was ist dann das Universum geschaffen?

»DER ALLES« kreiert das Universum geistig, mit seinem Geist – durch seinen Geist! Er nimmt nichts von sich selbst weg – noch fügt er etwas hinzu. Es ist ein ähnlicher Prozeß wie beim Menschen, wenn der Mensch geistige Bilder schafft.

»DER ALLES« kann in keiner anderen Weise als »geistig« schöpferisch tätig sein, denn er ist Geist!

Das Universum und alles, was es beinhaltet, ist die geistige Schöpfung von »DER ALLES«.

In der Tat: *Alles ist Geist*. Der unendliche Geist von »DER ALLES« ist der Schoß für unzählige Universen.

Wir können nicht den Fehler machen anzunehmen, daß die kleine Welt um uns herum – die Erde – das Universum selbst ist. Da sind Millionen und Millionen solcher Welten und noch größer. Und selbst in unserem kleinen Sonnensystem da gibt es Regionen und Bewußtseins-Ebenen mit geistigem Leben, das viel höher ist als unseres. Wesen, Seinsformen, die viel höher entwickelt sind als wir. Wesen, die Kräfte und Eigenschaften besitzen, die sich dem Vorstellungsvermögen des Menschen entziehen.

Es sind Kräfte und Eigenschaften, die viel höher sind als die, die der Mensch jemals in seinen Vorstellungen »Göttern« zugedacht hat. Und diese göttlichen Wesen waren einmal wie die Menschen, sogar niedriger – *und die Menschen werden sein wie sie – und noch höher – das ist die Bestimmung des Menschen – wie dies von Eingeweihten berichtet wird.*

Und Tod ist nicht real, tatsächlich ist es »Geburt zu einem neuen Leben« – und der Mensch geht weiter und weiter – zu höheren und immer noch höheren Ebenen.

Der Mensch weilt in dem unendlichen Geist von »DER ALLES«, und seine Möglichkeiten und Gelegenheiten sind unendlich in Zeit und Raum.

Und am Ende des Großen Zyklus der Äonen, wenn »DER ALLES« alle seine Schöpfungen zu sich – in sich – zurückzieht, dann geht jeder freudig, denn er wird fähig sein, die ganze Wahrheit zu wissen, zu erkennen, zu fühlen: Eins zu sein mit »DER ALLES«.

Dies ist der Bericht der großen Eingeweihten. Und in der Zwischenzeit – so die Hermetische Wissenschaft – soll der Mensch in Würde und innerem Frieden leben, denn er ist sicher und beschützt durch die unendliche Kraft von der »DER ALLES«.

Das zweite hermetische Gesetz der Entsprechung

Das zweite hermetische Gesetz beinhaltet die Wahrheit, daß Harmonie, Übereinstimmung und Entsprechung zwischen den verschiedenen Bewußtseins-Ebenen herrscht.

Diese Wahrheit ist eine Wahrheit, weil alles, was im Universum enthalten ist, von derselben Quelle springt; und dieselben Gesetze, Prinzipien und Charakteristika sind anwendbar auf jedes Partikelchen, jede Energieform, jede Einheit – auf alles.

Der Einfachheit halber wollen wir das Universum in drei große Ebenen aufteilen:

I. DIE GROSSE PHYSISCHE EBENE
II. DIE GROSSE SEELISCHE EBENE
III. DIE GROSSE GEISTIGE EBENE

Jede dieser Ebenen durchstrahlt die andere. Wir können also keine scharfen Trennungen machen. Und jede dieser Großen Ebenen hat sieben untergeordnete Ebenen, und jede einzelne dieser Ebenen hat noch einmal sieben Unterteilungen.

Bitte studieren Sie jetzt eingehend und in Ruhe die folgenden Aufstellungen über die Große PHYSISCHE EBENE und die GROSSE SEELISCHE EBENE.

DIE SIEBEN UNTERTEILUNGEN DER GROSSEN PHYSISCHEN EBENE

I.	DIE PHYSISCHE EBENE	(A): Dichte Materie, wäßrige, gasförmige
II.	DIE PHYSISCHE EBENE	(B): Strahlende Energie – wie Radium usw.
III.	DIE PHYSISCHE EBENE	(C): Ist so unendlich subtil, so überaus fein, daß sie bisher noch nicht von herkömmlichen Wissenschaftlern erkannt wird (noch nicht einmal für möglich gehalten wird)
IV.	DIE ÄTHERISCHE EBENE Diese ätherische Ebene ist ein verbindendes Glied zwischen der physischen- und Energie-Ebene und hat Anteil an jeder Ebene	Extreme Feinheit und Elastizität, die das Universum durchdringt. Agiert als ein Medium für die Beförderung von Energie-Wellen – wie Licht, Hitze, Elektrizität usw.
V.	DIE ENERGIE-EBENE	(A): Gewöhnliche Energieformen wie Hitze, Licht, Magnetismus, Elektrizität, Anziehungskraft; wie Gravitation, Chemische Affinität usw.
VI.	DIE ENERGIE-EBENE	(B): Feine Kräfte der Natur – wir bezeichnen sie als die verschiedenen seelischen Formen und Phänomene. Die sogenannten noch unentdeckten feinen Kräfte der Natur machen erst die seelischen Formen und Phänomene möglich.

VII. DIE ENERGIE-EBENE (C): Ist hoch organisiert. Sie trägt viele Charakteristika des Lebens. Das, was wir mit dem Begriff «das Leben» meinen. Diese Ebene ist für den menschlichen Geist unvorstellbar. Sie ist allein den Wesen der geistigen Ebene zugänglich. Auf dieser Energie-Ebene wirkt eine göttliche Kraft.

DAS SIND DIE VII UNTERTEILUNGEN DER PHYSISCHEN EBENE

DIE SIEBEN UNTERTEILUNGEN DER GROSSEN SEELISCHEN EBENE

I. *Die Ebene des* MINERALISCHEN GEISTES: enthält die geistigen Gößen oder Wesenheiten, welche die Formen anregen, beseelen, welche wir im mineralischen, chemischen Bereich usw. finden. Diese Wesen dürfen nicht verwechselt werden mit Atomen, Molekülen, Teilchen selbst, denn diese sind nur die Körper oder Formen dieser Wesenheiten; gerade wie der Körper eines Menschen nur die physische Form seines Selbstes ist.
Die Wesenheiten dieser Stufe sind auf einer geringeren Entwicklungsstufe.
Die Moleküle, Atome und Teilchen empfinden ihre eigene Liebe und Haß, haben ihre eigene Sympathie und Antipathie, Neigungen und Ablehnungen.
Wunsch, Wille, Gefühl der Atome und Moleküle usw. unterscheiden sich nur im Grad von denen der Menschen.

II. *Die Ebene der* ELEMENTAR-GEISTER*(URGEWALTEN) (A): enthält Wesenheiten mit einer seelischen und vitalen Entwicklungsstufe, die allgemein unbekannt sind. Wahrgenommen werden sie von Okkultisten.
Diese Wesenheiten haben ihre Aufgaben und ihren Anteil am großen universellen Plan.
Der Grad ihrer Intelligenz liegt zwischen den Wesenheiten des Mineralischen und Chemischen Bereiches und den geistigen Wesenheiten der Pflanzlichen Ebene.

III. *Die Ebene des* PFLANZENGEISTES: enthält die Geistigen Wesenheiten des Pflanzen-Reiches. Es wird ja inzwischen immer mehr bekannt durch wissenschaftliche Forschungen, daß Pflanzen nicht nur Leben, sondern auch Seele haben – ja auch Geist – geradeso wie Tiere und Menschen.

IV. *Die Ebene der* ELEMENTAR-GEISTER (B): enthält die geistigen Wesenheiten, die ihre Arbeit am Universum ausführen. Ihr Intelligenzgrad und ihre Wirkungs-Ebene liegen zwischen dem Pflanzen- und Tierreich.

V. *Die Ebene des* TIER-GEISTES: enthält die geistigen Größen und Wesenheiten, welche die Formen der Tiere anregen und beseelen.
Das Tierreich ist uns sehr vertraut. Es steht dem unseren nahe. Wir müssen nicht weiter darauf eingehen.

* Die Elementar-Geister sind die verbindenden Glieder zwischen allen Ebenen – und so profitieren wir, haben wir Anteil an den Wirkungen aller Ebenen.

VI. *Die Ebene der* ELEMENTAR-GEISTER (C): beherbergt solche geistigen Wesenheiten, die wirkend zwischen dem tierischen und menschlichen Bereich stehen. Die höchste Stufe ihrer Entwicklung ist halb-menschlich.

VII. *Die Ebene des* MENSCHEN-GEISTES: Sie wissen, daß jede der vorgenannten Ebenen noch einmal in sich 7 Unterteilungen, 7 untergeordnete Ebenen hat.

Der Durchschnittsmensch ist heute bis zur 5. untergeordneten Ebene des Menschen-Geistes vorgedrungen. Nur die höchst-entwickelten Menschen haben bereits die Schwelle überschritten, waren auf der 5. Ebene und entwickeln sich über diese Grenzen hinaus.

Es hat das menschliche Geschlecht Millionen Jahre gekostet, um diese Stufen oder Ebenen zu erreichen – und es wird noch viel Zeit vergehen, bis wir auch die 6. und 7. Ebene erreicht haben und noch darüber hinaus gehen.

Die heutige menschliche Rasse ist auf der 5. Ebene mit Nachzüglern von der 4., die auch auf DEM WEG sind.

Den Menschen der 6. Ebene bezeichnen die Hermetiker als den »Super-Menschen« – und den der 7. Ebene als den »Über-Menschen«.

Jetzt sollten wir von der »GROSSEN SEELISCHEN EBENE« zur »GROSSEN GEISTIGEN EBENE« weitergehen.

Aber wie können wir diese höchsten Formen von Sein, Leben und Geist erklären, wenn wir mit unserem Vorstellungsvermögen schon nicht an die hohen Wesenheiten der vorhergehenden Stufen heranreichen? Wir können doch nur in ganz allgemeinen Begriffen reden. Wie kann denn »Licht« einem Menschen erklärt werden, der blind geboren ist?

Alles, was wir sagen können über die SIEBEN Stufen der GROSSEN GEISTIGEN EBENE ist, daß hier höchste geistige Wesenheiten wirken, die in reinste Energie gekleidet sind – höchste »göttliche geistige Wesenheiten«.

Auf diesen SIEBEN Stufen der »GROSSEN GEISTIGEN EBENE« sind Wesenheiten, die wir bezeichnen mögen mit den Begriffen Engel, Erzengel, Halbgötter.

Auf den unteren Stufen weilen die Geistigen Größen der Eingeweihten – auf den höheren die der Götter.

Diese Wesenheiten übersteigen unsere höchsten Ahnungen und Vorstellungen. Wir können sie nur als »göttlich« bezeichnen. Viele dieser Geistigen Wesenheiten *haben ein größtes Interesse an unserer Entwicklung – sie wirken zu einem bedeutenden Teil mit an unseren Angelegenheiten.*

Diese unsichtbaren »Göttlichen Wesenheiten« haben ihren Einfluß auf die Evolution und den kosmischen Prozeß. Ihre gelegentliche Einmischung und Unterstützung in menschliche Angelegenheiten haben zu den vielen Legenden, Glaubensrichtungen, Religions-Systemen und Traditionen der menschlichen Rasse, der Vergangenheit und Gegenwart geführt. Sie haben immer und immer wieder ihre Weisheit und Macht ausgegossen über die Welt – natürlich unter der Führung und dem Geistigen Gesetz von »DER ALLES«.

Aber selbst diese höchsten »Göttlichen Geistigen Wesen« existieren als Schöpfung von »DER ALLES« und wirken und leben in SEINEM GEIST und dienen den Kosmischen Prozessen und den Gesetzen des Universums, um den Menschen auf ihrem Weg nach oben zu helfen.

Die atomare Ebene, die Energie-Ebene, die Ebene des menschlichen Geistes, die Ebene der Erz-Engel usw. sind alles »Grad-Einteilungen« auf ein und derselben Skala; der Unterschied besteht nur in den Graden und Schwingungsstärken. Und alles sind Schöpfungen von »DER ALLES«; sie haben ihre Existenz ausschließlich im Ewigen Geist von »DER ALLES«.

Das zweite Gesetz der Hermetischen Wissenschaft

»DAS GESETZ DER ENTSPRECHUNG« beinhaltet die Weisheit »wie oben so unten – wie unten so oben«. Es zeigt, daß alles miteinander universal vernetzt ist. Ein einzigartiges universales Informationssystem. Je mehr der Mensch durch ein errungenes und gelebtes weisheitsvolles Wissen sein Bewußtsein entfaltet, desto mehr kann er sich in dieses Informationssystem einschalten und Ideen wie Vorgänge höherer Art erleben, die auch seinen Alltag immens bereichern können.

Potentiell hat der Mensch die Fähigkeit in sich, durch ein geläutertes Denken, Reden, Fühlen, Wollen und Handeln sich zu einem so lauteren, reinen Kanal zu entwickeln, durch den dann Informationen und Kräfte aus höheren geistigen Ebenen in ihn einfließen können, die ihn durchdringen und in einer Kettenreaktion auf den Schwingungen seiner Seele wie seines Bewußtseins auf Mitmenschen und Natur inspirierend, erhebend und ebenso erlösend einwirken.

Alle SIEBEN Hermetischen Gesetze sind in voller Aktivität und Wirksamkeit auf den vielen verschiedenen Ebenen des Physischen, Seelischen und Geistigen Planes. Das GESETZ DER ENTSPRECHUNG manifestiert sich in allem, denn zwischen allen Ebenen sind Entsprechungen, Harmonie und Übereinstimmung.

Das dritte Gesetz der Vibration und Schwingung

»Nichts ruht, alles bewegt sich, alles vibriert und schwingt.«

Das Große Hermetische GESETZ DER VIBRATION UND SCHWINGUNG sagt, daß Vibration und Schwingung sich im ganzen Universum zeigen, alles bewegt sich, vibriert, schwingt und zirkuliert.

All das, was wir »Materie« und »Energie« nennen, sind verschiedene Modifikationen von Vibrationen und Schwingungen.

Die Okkultisten und Geheimwissenschaftler sagen aus, daß das Phänomen des Geistes ebenfalls eine Modifikation von Vibrationen und Schwingungen ist.

Von der höchsten Manifestation bis zur niedrigsten: alles schwingt. Die Schwingungen sind von unterschiedlicher Stärke. Je höher der Grad auf der Schwingungsskala, desto höher ist die Ebene und desto höher sind die Erscheinungsformen des LEBENS auf dieser Ebene.

Die Moleküle, die in jeder Materie sind, sind in ständiger Vibration und Bewegung. So die Atome und alle Teilchen. Und so sehen wir, daß alle Formen der Materie eine ständige Schwingung offenbaren – in Übereinstimmung mit dem Hermetischen Gesetz, daß alles Vibration und Schwingung ist.

Genauso ist es mit den verschiedenen Formen der Energie. Licht, Hitze, Magnetismus, Elektrizität sind die diversen Erscheinungsformen von Vibrationen und Schwingungen, die vom Äther ausgestrahlt werden.

Die Hermetische Wissenschaft lehrt, daß die Kohäsion das Prinzip der »molekularen Anziehungskraft« ist, die chemische Affinität das Prinzip der »atomaren Anziehungskraft«, und die Gravitation – das größte Geheimnis dieser drei – das Prinzip (Gesetz) der Anziehung ist, durch das jedes Partikelchen oder jede Masse von Materie gebunden ist an jedes andere Materie-Teilchen.

Nehmen wir jetzt einmal zur Illustration ein sich bewegendes Rad, einfach um den Effekt der verschiedenen ansteigenden Schwingungsgrade zu demonstrieren: Das Rad – wir wollen es »das Objekt« nennen, dreht sich langsam um seine eigene Achse. Wir hören keinen Ton. Die Geschwindigkeit steigert sich. Bald ist sie so schnell, daß wir ein tiefes Brummen hören. Bei weiter ansteigender Geschwindigkeit sind nacheinander die Töne der Tonleiter wahrzunehmen. Die Töne werden höher und höher beim Zunehmen der Geschwindigkeit. Und – wie Sie wissen – die Töne erreichen eine so hohe Vibration und Schwingung, daß das menschliche Ohr sie nicht mehr registrieren kann, und es folgt Stille. Dann nehmen wir die verschiedenen Hitzestärken wahr. Nach einer ganzen Weile kann das Auge einen schwachen Schimmer einer dumpfen dunkelroten Farbe des Objektes aufnehmen.

Wenn die Geschwindigkeit weiter zunimmt, wird das Rot heller, bis es ins Orange schmilzt, dann ins Gelb, Grün, Blau, Lila und Violett.

Dann schmilzt auch das Violett – alle Farben verschwinden – und das Auge kann sie nicht mehr verfolgen.

Doch jetzt sind da unsichtbare Strahlen, welche von dem Objekt ausgehen, Strahlen, die in der Fotografie verwendet werden, und andere subtile Lichtstrahlen.

Dann kommen die X-Strahlen, wenn die Konstitution des Objektes sich weiter ändert.

Elektrizität und Magnetismus werden ausgeströmt, wenn eine bestimmte Schwingungsstärke erreicht ist. Bei einer weiteren entsprechenden Schwingungsstärke spalten sich die Moleküle und wandeln sich in ihre ursprünglichen Elemente oder Atome.

Und die Atome, die dem GESETZ DER VIBRATION UND SCHWINGUNG folgen, separieren sich in ihre unzähligen Teilchen, aus welchen sie sich zusammensetzen.

Und schließlich verschwinden auch diese Teilchen – und das Objekt ist von Ätherischer Substanz.

Die Naturwissenschaft wagt nicht, diese Illustration weiter zu verfolgen, aber die Hermetische Wissenschaft geht nun noch weiter und lehrt, daß – wenn die Schwingungen sich kontinuierlich steigern – das Objekt (von dem wir ja ausgegangen sind) weiter verändernd aufsteigt und sich in die verschiedenen seelischen Stufen verwandelt – weiter geistwärts –, bis es schließlich wieder eintritt in »DER ALLES«, welcher absoluter Geist ist.

Das Objekt hat natürlich längst aufgehört, ein Objekt zu sein – schon lange bevor es die Stufe der »Ätherischen Substanz« erreicht hatte – die Illustration ist insoweit korrekt, als es den Effekt anzeigt der beständig ansteigenden Vibrationsgrade und Schwingungsstärken.

Die schöpferische Kraft des Geistes, die alle Dinge schafft und gestaltet, diese schöpferische Kraft wird hineingezogen in alle geschaffenen Dinge – und erlöst sich daraus wieder, wie unsere Erläuterung zeigt, – kehrt zurück in den Allgeist.

Alle Gedanken, Gefühle, jeder Wille, jeder Wunsch – jeder seelische Zustand, sind begleitet von Vibrationen und Schwingungen, die ausgesandt werden und das Gemüt, den Geist des Urhebers selbst und anderer Personen beeindrucken (siehe auch mein Buch DAS ALPHA-TRAINING, »Die Originalmethode«, Oesch Verlag, Zürich).

Das Gesetz der Vibration und Schwingung erzeugt auch die Telepathie, seelische Einflußnahme und andere Formen geistiger Macht (Geist über Geist).

Jeder Gedanke, jedes Gefühl, jedes seelische Stadium hat seine entsprechenden Stufen der Vibration und Schwingung. Und bei einer Willensanstrengung von Ihnen können gewünschte entsprechende seelische Zustände »erzeugt« werden, gerade so, wie ein musikalischer Ton erzeugt wird, indem man das Instrument auf einer gewissen Stufe vibrieren läßt – oder wie eine Farbe durch »Vibrationen und Schwingungen« erzeugt wird. Um diese gewünschten seelischen Zustände zu erreichen, helfen die geistigen Techniken des FRIEBE-ALPHA-TRAININGS (»Das Alpha-Training«, Oesch Verlag, Zürich).

Ein Wissen von diesem GESETZ DER VIBRATION UND SCHWINGUNG befähigt Sie, dieses Gesetz auf jeden seelischen Zustand anzuwenden. Alle Übungen, die Sie im FRIEBE-ALPHA-TRAINING lernen, erzeugen Vibrationen und Schwingungen. So erhalten Sie eine Kontrolle über Ihren jeweiligen seelischen Zustand und können dadurch im positiven Sinn bestimmend und befruchtend auf sich und Ihre Umwelt einwirken.

Die großen Meister und Eingeweihten können durch Anwendung des »GESETZES DER VIBRATION UND SCHWINGUNG«, die Gesetze der Natur außer Kraft setzen.

In Wirklichkeit wenden sie nur ein Gesetz gegen das andere an. Sie erreichen ihre Resultate, indem sie die Vibrationen und Schwingungen der Materie oder auch der Energie-Zustände verändern – und so vollbringen sie etwas, was man im Volksmund »Wunder« nennt.

Die Hermetiker sagen: »Die DAS GESETZ DER VIBRATION UND SCHWINGUNG verstehen, haben das Zepter der Macht ergriffen.«

Das vierte Gesetz der Polarität – Entwicklung zum Höheren

Das Große vierte HERMETISCHE GESETZ DER POLARITÄT verkörpert die Wahrheit, daß alle Erscheinungen zwei Seiten haben, zwei Aspekte, zwei Pole, ein gegensätzliches Paar mit verschiedenen Abstufungen zwischen den Polen. Die Hermetische Wissenschaft lehrt, daß die gegensätzlichen Paare (heiß – kalt; Liebe – Haß) sich aussöhnen, sich finden, und daß Thesis und Antithesis identisch vom Ursprung sind, aber unterschiedlich vom Grad, von der Abstufung her. Die universale Aussöhnung, Vereinigung der Gegensätze, ist erkennbar durch das »GESETZ DER POLARITÄT«.

Die großen Lehrer und Meister zeigen, daß Geist und Materie die zwei Pole »derselben« Sache sind. Die dazwischen liegenden Bereiche oder Ebenen sind nur Grad-Unterschiede der Vibrationen und Schwingungen. Sie zeigen, daß »DER ALLES« und die Vielfältigkeiten dasselbe sind, die Unterschiede sind lediglich gradueller Art von geistig-seelischen Erscheinungen. So umfassen das »göttliche Gesetz« und »alle Gesetze« die zwei gegensätzlichen Pole derselben Sache. So sind auch die Gegensätze: göttlicher-unsterblicher Geist und sterblicher Geist – dasselbe.

Auf dem physischen Plan demonstriert dieses Gesetz, daß »Hitze und Kälte« identisch sind. Zwischen diesen beiden Temperatur-Polen können Sie von heiß oder kalt sprechen – es ist egal, wie Sie die Temperatur bezeichnen – sie haben immer recht. Der höhere von zwei Graden ist immer wärmer – wie der niedrigere von zwei Graden immer kälter ist. Es gibt keinen absoluten Standard. Alles sind nur »graduelle« Unterschiede. Es ist alles eine Angelegenheit von höheren oder niedrigeren Schwingungen.

Die Begriffe »hoch und niedrig«, welche wir gezwungen sind zu benutzen, sind die zwei Pole derselben Sache – die Terminologie ist relativ. So ist es mit »hell« und »dunkel«. Diese beiden Begriffe sind zwei Pole derselben Sache, mit vielen graduellen Abstufungen dazwischen.

Dasselbe ist es mit der Tonleiter. Beginnen Sie mit dem »großen C« – gehen Sie höher – und Sie erreichen ein anderes »großes C« usw. Auch hier liegen die Unterschiede zwischen den graduellen Abstufungen der Pole, die dieselbe Sache darstellen. Unser enges Bewußtsein erlaubt uns nur die Wahrnehmung eines oder verschiedener Details vom »Göttlichen Ganzen«.

Auch die Skala der Farben repräsentiert ein Ganzes, eine Einheit. Graduelle Unterschiede, Färbungen derselben Sache – mit höheren und niedrigeren Schwingungen – das ist der einzige Unterschied zwischen leuchtendem Violett und dunklem Rot.

Gut und Böse – sie stellen nichts Absolutes dar. Wir nennen das eine Ende der Skala »gut« – und das andere

Ende »böse«, oder das eine Ende das »Gute« – und das andere Ende »das Übel«. Eine Angelegenheit ist »weniger gut« wie eine andere, die etwas »höher« auf der Skala liegt –; aber umgekehrt ist diese »weniger gute« Angelegenheit oder Sache »besser« (mehr gut) als die Sache, die unterhalb der »weniger guten« liegt!

Und so ist es auf der »Seelischen Ebene«: »Liebe und Haß« betrachtet man gewöhnlich als »entgegengesetzte« Zustände, vollkommen unterschiedlich, unvereinbar. Aber nun wenden wir das GESETZ DER POLARITÄT an: und wir erkennen, daß es keine »Absolute Liebe« und keinen »Absoluten Haß« gibt. Die beiden Begriffe »Liebe und Haß« sind Begriffe, die angewandt werden auf die beiden Pole derselben Sache. Wir können an irgendeinem Punkt der Skala beginnen, und wir finden mehr Liebe und weniger Haß, wenn wir die Skala hinaufsteigen – und wenn wir uns auf der Skala hinunter bewegen, finden wir mehr Haß und weniger Liebe – dies ist wahr! – unabhängig auf welchem Punkt der Skala wir starten – hoch oder niedrig.

Mut und Furcht fallen unter dasselbe Prinzip. Die zwei Pole existieren überall.

Und dieses GESETZ DER POLARITÄT wenden die Hermetiker an. Es ermöglicht ihnen, einen seelischen Zustand in einen anderen umzuwandeln entlang der Linie der Polaritäts-Skala.

Zustände, Dinge, die zu verschiedenen Kategorien gehören, können nicht »untereinander« umgewandelt werden. Nur Zustände, Dinge derselben Kategorie können verändert werden. So kann sich Liebe niemals in Ost oder West verwandeln – aber sie kann sich in Haß verwandeln – und Haß wieder in Liebe durch Umwandlung der Pole. Die Umwandlung kann nur immer stattfinden zwischen Dingen und Zuständen derselben Kategorie. Wenn man das GESETZ DER POLARITÄT verstanden hat, erkennt man, daß die seelischen Veränderungen durch einen Auf- oder Abstieg entlang der Polaritäts-Skala erfolgen. Der Wechsel geschieht nicht durch Transmutation von einer Sache in eine gänzlich andere, sondern ist eher ein *gradueller* Wandel in derselben Sache; ein höchst wichtiger Unterschied.

Nehmen wir einmal den Fall eines »ängstlichen« Mannes: Indem er seine seelischen Schwingungen auf der »Furcht-Mut-Skala« ansteigen läßt, kann er im höchsten Maße mit Mut und Furchtlosigkeit erfüllt werden. Schwächen hat er so in Stärken umgewandelt. In der Praxis haben Sie dafür die geistigen Techniken des FRIEBE-ALPHA-TRAININGS, die Ihnen ebenfalls helfen, aus Schwächen Stärken zu machen.

Durch das Anwenden dieser geistigen Techniken, die ja in Übereinstimmung gehen müssen mit einer Änderung Ihrer inneren Einstellung, verändern Sie Ihre geistig-seelischen Schwingungen. Sie verändern Ihr Bewußtsein – und rutschen auf der Polaritäts-Skala zum positiven Pol – mit seinen entsprechenden positiven Schwingungen und den dazugehörigen erfreulichen inneren und äußeren Erlebnissen.

Der Student der Geisteswissenschaft erkennt klar, daß sowohl auf der Seelischen wie auch auf der Physischen Ebene die zwei Pole klassifiziert sind in »positiv« und »negativ«. So ist »Liebe positiv zu Haß«, »Mut zu Furcht« – usw. Und selbst die, welche mit dem Gesetz der Schwingung nicht vertraut sind, erkennen doch, daß der »positive Pol« graduell *höher* erscheint als der »negative Pol«, und somit eindeutig dominiert. Die Tendenz der Natur geht somit in Richtung der dominierenden Aktivität des positiven Poles. Hieraus leitet sich eindeutig die Entwicklung zum Guten ab. Zeitliche Vorstellungen dürfen wir hierbei nicht mit einbeziehen. Sie entziehen sich dem menschlichen Vorstellungsvermögen.

Zusätzlich zu der Umwandlung der Pole des eigenen seelischen Zustandes durch die Anwendung des »GESETZES DER POLARITÄT«, das uns ja die seelische Steuerung und die vielen Möglichkeiten zeigt, zusätzlich also zu der Umwandlung des eigenen seelischen Zustandes, können wir dieses Prinzip ausdehnen.

Wir nehmen Einfluß (was wir ja unbewußt immer machen) auf den seelischen Zustand anderer Personen. Wenn wir verstehen, daß eine geistige Beeinflussung, Induktion, möglich ist, d.h., daß gewisse seelische Zustände durch Beeinflussung anderer erzeugt werden, dann erkennen wir auch, daß eine bestimmte Schwingungsstufe oder eine Polarisierung auf ein bestimmtes seelisches Stadium auf eine andere Person übertragen werden kann. Der seelische Zustand dieser anderen Person ändert sich, sie erzeugt eine Änderung, eine Verschiebung auf der Skala »ihrer« Polarisierung.

Ein Geisteswissenschaftler kann seinen geistig-seelischen Zustand durch seinen »trainierten Willen« auf die gewünschte Schwingungsstufe erheben – und so kann er für sich selbst den gewünschten Polarisierungs-Grad erreichen und im anderen einen ähnlichen seelischen Zustand durch Übertragung hervorrufen. Das Ergebnis ist, daß sich die Schwingungen im anderen steigern und die Person sich mehr zum positiven Pol hin polarisiert als zum negativen – und so sind z. B. Furcht oder andere negative Emotionen umgewandelt in Mut und in ähnliche positive seelische Zustände.

Eine Kenntnis von der Existenz dieses großen HERMETISCHEN GESETZES DER POLARITÄT wird den Studenten der Hermetischen Wissenschaft befähigen, seinen eigenen seelischen Zustand und den der anderen besser zu verstehen. Er erkennt, daß die seelischen Zustände eine Grad-Angelegenheit auf der Polaritäts-Skala sind, und durch diese Erkenntnis kann er sich durch seinen Willen befähigen, seine seelischen Schwingungen zu senken oder zu steigern, seine seelischen Pole zu wechseln. Dadurch ist er Meister seiner seelischen Zustände und nicht ihr Sklave. Im besten Sinne ist er eine wertvolle Hilfe für seine Mitmenschen.

Ganz besonders wichtig ist also die treu geübte Konzentration auf den ersehnten Zustand. Die Konzentration ist wie ein Magnet, der allmählich alle im Unterbewußtsein brachliegenden Ideen, Energien und auch Motivationen aktiviert, die notwendig sind, um das Ersehnte zu erleben. *Worauf Sie Ihr Bewußtsein richten, damit ist Ihre Seele erfüllt!* Richten Sie es auf den negativen Pol der Unvollkommenheiten, der Dramen und Tragödien, so erlebt Ihre Seele gemäß dem Gesetz der Entsprechung und dem Gesetz der Schwingung entsprechende negative, düstere Schwingungen. Dann schaffen Sie sich die Tendenz zu Nörgeleien, befähigen sich, überall das Belastende zu sehen, und bleiben vor allem in der belastenden Schwingung hängen und wirken belastend auf Mitmenschen und Umwelt ein.

Heraus kommen Sie nur, wenn Sie sich ausdauernd darin üben, immer wieder ihr Bewußtsein zu richten auf das Schöne, die kleinen und größeren erfreulichen Dinge, all das Liebenswerte – insgesamt also auf den positiven Pol. Auch das reine Vorstellen erfreulicher Dinge und Zustände gehört hierzu. Rückwirkend erzeugen Sie »entsprechende« positive Schwingungen in Ihrer Seele, die Sie veredeln und die Sie dadurch stark und fähig macht, bei allen Schwierigkeiten stets die andere Seite, das Höhere, Bessere zu entdecken.

Eine solchermaßen starke Seele gibt konstruktive Ideen und positiv belebende Gefühle frei, die überall zu einer höheren Entwicklung beitragen. Dadurch entwikkeln Sie sich auf den höheren Pol Ihres Seins, auf eine höhere Schwingungsebene mit allen entsprechenden erfreulichen und erhebenden Erlebnissen.

Wir können nur veränderte Bewußtseins-Zustände – und damit andere, weitere Bewußtseins-Dimensionen erreichen – wenn wir dieses GESETZ DER POLARITÄT mehr und mehr beherrschen durch einen »trainierten Willen«, (der aus dem Wunsch zu WOLLEN resultiert).

Wenn wir mehr und mehr durch eine treue Übung im klaren, reinen philosophischen Denken die unaussprechlich bedeutsame, hohe, sinnvolle Entwicklung des menschlichen Seins erkennen, dann überwinden wir den kleinen Alltagswillen, der sich immer wieder enttäuscht fühlt, wenn sein Willen sich nicht genügend durchsetzen kann oder nicht beachtet wird – oder auch wenn sein Willen und seine Wünsche keine ersehnte Erfüllung bringen.

Doch je intensiver der Mensch durch das erwähnte klare Denken – das diszipliniert sich nicht von unwesentlichen Banalitäten irritieren läßt – sein Bewußtsein entfaltet und dadurch die beseelten Schwingungen höherer geistiger Ebenen erleben kann, desto stärker wird er gleichzeitig von einem höheren Willen durchdrungen.

Ein Wille, der in Übereinstimmung mit den kosmischen Gesetzen sich danach sehnt, SEINEN WILLEN durch sich wirken zu lassen. Ein unendliches Glücksgefühl ist damit verbunden, weil alle Schmerzen in SEINEM WILLEN schmelzen.

Das fünfte Gesetz des Rhythmus

Das große fünfte HERMETISCHE GESETZ DES RHYTHMUS beinhaltet die Wahrheit, daß in allen Erscheinungen eine regelmäßige Bewegung ist, eine »Hin- und Her-Bewegung«, ein »Einströmen und Ausströmen«, ein »Vorwärts- und Rückwärtsschwung«, eine Bewegung, die einem Pendel gleicht, eine Gezeiten-ähnliche »Ebbe- und Flut«-Bewegung; Bewegung, Rhythmus zwischen den zwei Polen, die auf der physischen, seelischen und geistigen Ebene erscheinen. Das GESETZ DES RHYTHMUS ist eng verbunden mit dem GESETZ DER POLARITÄT. Rhythmus manifestiert sich zwischen den beiden Polen. Dies bedeutet nicht, daß das Pendel des Rhythmus zu den extremen Polen schwingt, dies passiert sogar sehr selten. Das Pendel schwingt immer in Richtung des einen Poles oder des anderen.

Es ist immer eine Aktion und Reaktion. Ein Aufsteigen und ein Niedergang.

Dies drückt sich in allen Phänomenen des Universums aus. Das GESETZ DES RHYTHMUS erscheint in Sonnensystemen, wie in Welten und Menschen, Tieren, Pflanzen, Mineralien, Kräften und Energien, wie in der Materie, ja auch im Geistigen. Dieses Gesetz erscheint in der »Entstehung«, Schöpfung »von Welten« und in »ihrer Zerstörung«, ebenso wie im Entstehen und Vergehen von Nationen – und natürlich in den seelischen Zuständen der Menschen.

Wenn wir mit den Erscheinungen des Geistes von DER ALLES beginnen wollen, so stellen wir fest, daß da immer ein »Ein- und Ausfließen«, ein »Einatmen und Ausatmen« von Göttlicher Substanz ist. Universen werden geschaffen, erreichen ihren niedrigsten Punkt, den der Materie, und dann beginnt wieder der Aufwärtsschwung. Sonnen werden geschaffen, und wenn der Höhepunkt ihrer Macht und Kraft erreicht ist, dann beginnt der Abstieg, der Rückgang – und nach Äonen werden sie eine tote Masse von Materie. – Und sie erwarten einen weiteren neuen Impuls, der ihre innere Energie erneut in Gang setzt, der ihre Aktivität anfacht. – Und ein neuer Sonnenzyklus beginnt. Und so ist es mit allen Welten: sie werden geboren, wachsen und sterben, nur um »wiedergeboren« zu werden. Und so ist es auch mit allen Dingen von Form und Gestalt: sie schwingen von Aktion zu Reaktion; von Geburt zu Tod – von Tod zu Geburt – von Aktivität zu Inaktivität – und wieder zurück.

So ist es mit allen lebendigen Dingen:

sie werden geboren – wachsen – sterben – und werden dann wiedergeboren (es gibt keinen endgültigen Tod. Das entspricht nicht dem Geistigen Gesetz).

Dieses GESETZ DES RHYTHMUS zieht sich auch durch alle großen Entwicklungen, Philosophien, Glaubensbekenntnisse, Sitten, Regierungen, Nationen usw. In allem finden Sie den Rhythmus von: Geburt, Wachstum, Reife, Verfall, Tod. Der Pendelschlag ist immer offensichtlich. Die Nacht folgt dem Tag und der Tag der Nacht. Das Pendel schwingt vom Sommer zum Winter – und dann zurück.

Alle Teilchen, Atome, Moleküle, alle Materie-Masse drehen sich, schwingen um ihren Natur-Zyklus. Es gibt keine absolute Ruhe, keinen Stillstand der Bewegung – und alle Bewegung hat Anteil am Rhythmus.

Dieses GESETZ DES RHYTHMUS ist von universaler Anwendung. Das universale Pendel ist in ständiger Bewegung. Die »Gezeiten« des Lebens fließen ein und aus – dem Gesetz entsprechend.

Das GESETZ DES RHYTHMUS ist allgemein bekannt bei den Naturwissenschaftlern und wird berücksichtigt und angewandt im physischen Bereich.

Die Hermetiker tragen dieses Gesetz noch viel weiter hinaus, denn sie wissen, daß seine Wirkung in allen seelischen Zuständen der Menschen sich niederschlägt. Beim Studium über die Wirkungen des Rhythmus-Gesetzes lernten die Hermetiker, wie man einigen negativen Auswirkungen entkommt – durch Transmutation. Sie entdeckten, daß es zwei allgemeine Bewußtseins-

Ebenen gibt: die niedrigere und die höhere. Indem sie sich auf die höhere Bewußtseins-Ebene versetzten, entkamen sie den Wirkungen des Pendelschlages auf der niedrigeren Ebene. Sie stehen erhaben darüber. Die Hermetiker bezeichnen dies das Gesetz der Neutralisierung. Dasselbe machen Sie, wenn Sie mit den Techniken (meditativen Übungen, die das Bewußtsein schulen) des FRIEBE-ALPHA-TRAININGS arbeiten. (Siehe Seiten 68ff. und 95ff. des DAS ALPHA-TRAINING – die Originalmethode von G. und M. Friebe, Oesch Verlag, Zürich). Sie erheben sich mit den Techniken des FRIEBE-ALPHA-TRAININGS auf eine andere Bewußtseins-Stufe; Sie entkommen den negativen Schwingungen und dem Pendelschlag zum negativen Pol hin. Sie polen um! Wenn Sie sich über einen Gegenstand erheben würden, so daß er unter Ihnen durchgleiten kann, so ist dieser Vorgang dem seelischen Prozeß ähnlich.

Der Hermetiker polarisiert sich zum gewünschten Pol und durch eine »Weigerung«, am Rückwärtsschwung des Pendelschlages zum negativen Pol hin teilzunehmen – eine Weigerung, *nicht* gewünschte Einflüsse anzunehmen –, steht er fest und unerschütterlich im Wirkungsbereich seiner polarisierten Position. Ungerührt erlebt er den Pendelschlag zum anderen Pol hin.

Alle Persönlichkeiten, die ein gewisses Maß an Selbstbeherrschung und -steuerung erreicht haben, wenden mehr oder weniger bewußt dieses »Gesetz der Neutralisierung« an, indem sie sich nicht erlauben, daß ihre Launen und negativen Gefühle sie beeindrucken oder beherrschen.

Sie haben hier die große Hilfe, durch die Techniken des FRIEBE-ALPHA-TRAININGS unterstützend zu wirken, sich »programmierend« über momentane Zustände zu erheben – und sich sogar allmählich in ein gewünschtes Bild zu verwandeln. Sie polarisieren sich um. Sie machen aus Schwächen Stärken! Ich erwähnte dies nur, damit Sie einen möglichen Entwicklungsweg kennenlernen können, doch es gibt diverse andere seriöse Wege.

Durch einen »Willens-Einsatz« erreicht der fortgeschrittene Hermetiker ein hohes Maß an seelischer Ausgeglichenheit und Beständigkeit, das unvorstellbar für diejenigen ist, die noch hin- und hergezogen werden vom seelischen Pendelschlag ihrer Stimmungen und Emotionen.

Jeder denkende Mensch anerkennt die Bedeutung dieses fünften GESETZES DES RHYTHMUS. Denn es ist offensichtlich, wie die Mehrheit der Menschen Kreaturen ihrer Neigungen, Stimmungen und Gefühle sind, wie wenig sie sich selbst beherrschen und steuern können.

Wenn Sie einmal einen Moment nachdenken, dann erkennen Sie, wie stark die Pendelschläge des Rhythmus Sie in Ihrem Leben beeindruckt haben. Ein Verstehen der Gesetzmäßigkeit und Wirkungsweise vom GESETZ DES RHYTHMUS gibt Ihnen den Schlüssel zu diesen rhythmischen Pendelschlägen. Es ermöglicht, daß man sich besser versteht (und auch den anderen) – und man vermeidet, hinweggetragen zu werden von diesem ewigen Hin und Her.

Der WILLE steht noch über den Wirkungen vom GESETZ DES RHYTHMUS, obwohl das Gesetz selber niemals zerstört werden kann. Wir können – wie geschildert – seinen Wirkungen entfliehen, aber das Gesetz ist dennoch immer in Kraft. Die Pendelschläge des Rhythmus schwingen beständig, unaufhörlich, aber wir können verhindern, von ihnen mitgezogen zu werden. Die Hermetiker verstehen unter dem WILLEN nicht etwas Zwanghaftes, Verkrampftes, sondern den WILLEN, der aus dem Wunsch, wahrhaft zu WOLLEN, resultiert.

Peryt Shou wurde bei seinem Aufenthalt in Ägypten, wo er bei Ausgrabungen zugegen war, die am Sphinx-Tempel vorgenommen wurden, an die ihm bekannten Dekan-Tafeln der alten Ägypter erinnert. Dieser Ägypten-Aufenthalt veranlaßte ihn, sich erneut mit den Dekan-Tafeln, die auch als »Tafeln des Urwissens der Menschheit« bezeichnet werden, zu befassen. Die »Tafeln des Urwissens« stellen die Ur-Religion dar, die nur *ein Gesetz* kennt. Es ist das Gesetz, welches mit dem Menschen geboren wird. (Der »eingeborene« Sohn ist »das Gesetz«.) Das Gesetz, welches der Mensch selbst darstellt. Das göttliche Gesetz, das in jedem Menschen angelegt ist. Das göttliche Gesetz im Menschen heißt in den »Tafeln des Urwissens« *der Sohn*, der »Isah«.

Nach Peryt Shou ist »Das Gesetz« ein lebendiges und kein totes. Der Sohn ist der LOGOS, der Geist Gottes, das (lebende) Gesetz im Menschen, CHRISTUS. Der Mensch wird, wenn er sich ausdauernd genug mit seinem Bewußtsein auf diesen in ihm (in seinem ICH im Sinne des höheren Selbstes) wirkenden CHRISTUS-LOGOS, den Geist Gottes, einstellt, das in ihm lebende Gesetz immer mehr erkennen. Ist er bemüht, nach diesem Gesetz zu leben, dann durchströmt ihn Harmonie. Alle seine Wünsche, *die im Einklang mit dem Gesetz stehen*, werden erfüllt.

Dieses göttliche Gesetz stellt den göttlichen Willen, den Ur-Willen dar. Im Begriff »Willen« ist der »Ur-Wille« enthalten. Ein alter Begriff für Wille, den wir in der Bibel bei Moses wiederfinden, ist das »Hewila«. Richtig müßte es nach Peryt Shou »Hwila« heißen, denn gerade die Buchstaben »hw« sind ein magischer Anlaut. »Hwila« ist das germanische »Licht-Wil«. Der Ur-Wille, der heilige Wille, der Licht-Wille, der dem Menschen wieder *inneres Gesetz* werden muß, so daß er dem göttlichen Gesetz dient.

Dann braucht der Mensch keine äußeren Gesetze mehr. Es ist der eigene Wille, den der Mensch entwikkelt, der sich im LOGOS mit dem göttlichen UR-WILLEN (dem Gesetz) verbindet. Durch diesen eigenen heiligen Willen – »Hwila« – können die geistigen Gesetze gelebt und erlebt werden.

Diesen eigenen Willen könnte man auch mit »Ein-

Willen« bezeichnen. Der Ein-Wille, der identisch mit dem Ur-Willen ist, der die geistigen Gesetze ausdrückt, die wieder zu einer Ur-Religion beitragen können, wie sie die »Tafeln des Urwissens« darstellen.

An dieser Stelle möchte ich Ihnen die großen Pendelschläge des Rhythmus der verschiedenen Leben bewußt machen: ein Pendelschlag zieht den Menschen schließlich ganz in eine geistige Dimension. Es ist ein langer Pendelschlag mit einer großen Kraft. Mit derselben Kraft schwingt er einmal wieder zurück in die irdische Dimension. Die hermetischen Wissenschaftler betrachten die Kette der Leben als kontinuierlich. Ein Leben ist nur ein Beitrag zur Entwicklung der umfassenden multidimensionalen Persönlichkeit, des hohen multidimensionalen Selbstes, das jeder in Wirklichkeit ist.

Das fünfte HERMETISCHE GESETZ DES RHYTHMUS bestätigt dem Menschen seine ewige Existenz. Der Kontakt zu einem Menschen wird nie unterbrochen. Hat ihn der Pendelschlag des Rhythmus nach seinem physischen Tod auf eine andere Bewußtseins-Ebene gebracht, so erlebt er dort gemäß seinem Wissen von geistigen Dingen – das um ihn Licht in der geistigen Welt verbreitet – die Vielfältigkeiten geistiger Dimensionen. Sie sind um ein Vielfaches faszinierender als die Vielfältigkeiten der physischen Dimensionen, die uns ja auch beeindrucken. Jeder von uns kann dazu beitragen, daß die

Menschen, die wieder einmal in die geistige Dimension gezogen wurden, gemäß ihren Erkenntnissen, die sie sich im physischen Leben erarbeitet haben, von den Eindrücken in der geistigen Dimension »ungehindert« profitieren. Gehindert werden sie durch eine allzu starke Trauer und Verzweiflung der Menschen auf der physischen Ebene. Trauer ist unvermeidbar. Wenn durch eine Disziplin diese Trauer getragen wird von dem Wissen um die Weiterentwicklung des Menschen auf der geistigen Ebene – und wenn sogar ein Bemühen einsetzt, die Freude an dieser Weiterentwicklung des »sogenannten Verstorbenen« auf der geistigen Ebene mitzuempfinden, dann gibt man ihm nicht nur den Weg frei zu einer ungehinderten Weiterentwicklung; es tritt dadurch etwas Besonders ein: durch dieses Bemühen setzt ein Reifeprozeß ein. Beide Menschen – der auf dem physischen und der auf dem geistigen Plan profitieren – und beide spüren, daß eine wahre Trennung nur der »Körper« erzeugt. Da nun dieses Körper-Kleid abgelegt wurde, ist damit auch die wahre Trennung aufgehoben – und ein »immerwährendes« Zusammensein ist gewährleistet. Dies empfindet nur der, welcher seine Erkenntnis und sein Wissen »lebt«. Und er erfährt auch, daß er über die Brücke des Unterbewußtseins – der Seele – ständig weitere Hilfen und Ratschläge von dem »sogenannten Verstorbenen« erhält. Wie umgekehrt auch der Mensch auf dem geistigen Plan ein großes Interesse an der geistigen Weiterentwicklung der Menschen auf dem physischen Plan hat – denn über die Brücke des Unterbewußtseins, in dem ja alles Wissen, alle Weisheit ruht – profitiert auch der Verstorbene weiterhin von Erkenntnissen, die der Mensch sich aneignet, den er liebt, denn zu ihm hat er durch die Liebe einen ständigen Kontakt und Zugang.

Die Erkenntnisse, die wir uns hier erarbeiten, bestimmen den Grad unseres Bewußtseins. Es ist nicht das *intellektuelle Wissen* gemeint, das sich auf alle *äußeren Erscheinungen* bezieht, sondern es geht um die Erkenntnisse, die aus dem Studium der Geisteswissenschaft, der Esoterik, gewonnen werden. Geistige Erkenntnisse dieser Art können Sie sich nur auf dem irdischen Planeten erwerben, indem Sie ihr vorurteilsfreies, reines Denken zum Erwerben dieser Erkenntnisse einsetzen. Ein solches reines Denken, das frei von Vorurteilen, Antipathien, Sympathien ist, ein Denken, das sich frei und ohne Einschränkung auf allen Ebenen und in allen Bereichen bewegen kann, dieses reine Denken führt zu einer Bewußtseins-Erweiterung. Wenn der Mensch sein physisches Körper-Kleid ablegt, empfindet er sich als voll bewußtes ICH-Wesen, das sich nun nach allen Richtungen und auf den diversen Ebenen frei entfalten kann.

Ein tief beglückender Zustand ist dies dann, wenn der Mensch seine Zeit auf dem irdischen Planeten genutzt hat, um durch das reine Denken geistige Erkenntnisse zu sammeln, die sein Bewußtsein erweitert haben.

Denn dieser Bewußtseins-Grad ist ja wieder bestimmend dafür, welche Eindrücke und Erkenntnisse der sogenannte Verstorbene von den Vielfältigkeiten der geistigen Ebene aufnehmen kann. (Der sogenannte Verstorbene, der oft wacher ist als der auf dem physischen Plan Lebende.)

Verstehen Sie nun, wie unendlich groß die Freude der sogenannten Verstorbenen auf der geistigen Ebene ist, wenn sie einen geliebten Menschen auf der physischen Ebene haben, der sich weiter um geistige Erkenntnisse bemüht. Liebevolle Gedanken an den Menschen in der geistigen Dimension sind der Träger, der diese Erkenntnisse zu ihm hinführt. Das kann – selbst nach dem physischen Tod – seinen Bewußtseins-Grad erweitern, so daß er mehr Eindrücke in der geistigen Dimension aufnehmen kann, was eine große Beglükkung für ihn ist. Und von diesen Eindrücken, die er aufnimmt, können die Hiesigen auf dem physischen Plan wieder profitieren. So ist es ein ewiges Geben und Nehmen. Der Pendelschlag des immer wirkenden GESETZES DES RHYTHMUS.

Die Hermetiker fordern, daß ihre fortgeschrittenen Studenten in der Lage sind, dem Pendelschlag des Rhythmus zur negativen, zur niedrigeren Ebene hin zu entkommen. Indem sie sich auf eine höhere Stufe ihres ICHS entwickeln, vermeiden sie viele der Erfahrungen, welche die noch machen müssen, die sich auf der niedrigeren Ebene aufhalten. Das Entwickeln vom Alltags-

Ich, das durch hypnotisches Starren auf Vergängliches egozentrische Züge hat, entlang der Polaritätsskala zum höheren Selbst, ist gemeint.

Jedes starre, intolerante Festhalten an Menschen, Situationen, Gegenständen – einfach an allem – widersetzt sich diesem Gesetz des Rhythmus, was Leid und Schmerzen als Folge bewirkt. Wer durch Kenntnis und Anwendung dieses Gesetzes bejahend mitgeht mit allen durch das wirkende Gesetz des Rhythmus erzeugten Änderungen in allen Bereichen und Zuständen, der kann wahrhaftig heiter und gelassen wissend im Trubel des Lebens stehen.

Die Kenntnis und Anwendung des fünften hermetischen GESETZES DES RHYTHMUS gibt die Möglichkeit der Entwicklung auf eine höhere Ebene, die den, der sie erreicht, mit Harmonie und Freude durchdringt.

Das sechste Gesetz der Kausalität

»Jede Ursache hat ihre Wirkung. Jede Wirkung hat ihre Ursache.« Alles geschieht gemäß dem Gesetz. »Zufall« ist nur ein Begriff für ein Gesetz, das nicht erkannt wird.

Das große sechste Hermetische Gesetz, das GESETZ VON URSACHE UND WIRKUNG, beinhaltet die Wahrheit, daß Gesetzmäßigkeiten das Universum durchdringen und daß nichts durch Zufall geschieht. Zufall ist lediglich eine Bezeichnung, die eine existierende Ursache anzeigt, die nicht erkannt oder wahrgenommen wird. Dieses Phänomen ist kontinuierlich – ohne Unterbruch und ohne Ausnahme!

Das GESETZ VON URSACHE UND WIRKUNG liegt allen wissenschaftlichen Gedankengängen zugrunde – uralten wie modernen. Das GESETZ VON URSACHE UND WIRKUNG ist von den hermetischen Lehrern in den ältesten Zeiten verkündet worden.

Es kann keinen Zufall geben in dem Sinn, daß etwas außerhalb des Gesetzes steht – außerhalb des GESETZES VON URSACHE UND WIRKUNG. Wie kann es etwas geben, das im Universum agiert – unabhängig von allen Gesetzen und ihrem inneren Zusammenhang? Ein solches Etwas wäre völlig unabhängig vom regelmäßigen Lauf des Universums und daher ihm übergeordnet.

Wir können uns nichts außerhalb von DER ALLES vorstellen, was außerhalb des Gesetzes ist – und dies nur deswegen, weil DER ALLES das Gesetz selber ist. Es gibt keinen Raum im Universum für ein Etwas, das außerhalb und unabhängig vom Gesetz ist. Die Existenz von einem solchen Etwas würde alle Naturgesetze als wirkungslos darstellen und würde das Universum in eine chaotische Verwirrung und Gesetzlosigkeit stürzen, da es selbst gesetzlos ist.

Eine sorgfältige Prüfung zeigt, daß das, was wir Zufall nennen, nur ein Ausdruck für verborgene, unbekannte Ursachen ist – Ursachen, die wir nicht wahrnehmen können – Ursachen, die wir nicht verstehen können. Es geschieht niemals etwas ohne eine Ursache – oder besser, ohne eine Kette von Ursachen.

Immer ist ein Zusammenhang, ein Bezug da, zwischen allem, was vergangen ist – und allem, was folgt.

Ein Stein löst sich von einer Bergseite und schlägt durch das Dach einer Hütte im Dorf, die am Fuße des Berges steht. Vorerst könnte man dies als einen Zufall betrachten – aber wenn wir die Angelegenheit prüfen, finden wir eine Kette von Ursachen dahinter: da war z.B. der Regen, der die Erde aufweichte, die dem Stein Halt gab, so daß er nun fiel. Wenn wir noch weiter zurückgehen, stoßen wir auf den Einfluß der Sonne, weiterer Regengüsse usw., die allmählich das Felsstück von einem größeren getrennt haben. Dann gab es die weiteren Ursachen, die zu der Formation der Berge führten und die Bodenerhebung durch die Erschütterung der Natur – usw., bis in alle Unendlichkeit. Dann können wir noch die Ursache, die zum Regen führte, verfolgen usw. Und es wäre noch die Existenz des Daches zu berücksichtigen. Sehr bald würden wir uns in einem Netzwerk von Ursache und Wirkung verwickelt sehen, und wir würden kämpfen, uns daraus zu befreien.

So ist es mit der Anzahl von Ursachen selbst hinter dem unbedeutendsten Ereignis wie dem Vorbeifliegen eines winzigen Stückchen Rußes vor Ihren Augen. Es ist keine leichte Angelegenheit, dieses Stückchen Ruß zurückzuführen zu den ältesten Epochen der Weltgeschichte, als es einen Teil eines riesigen Baumstammes mitgeformt hat, der sich später in Kohle umwandelte – usw., bis dieses Stückchen Ruß *jetzt* an Ihrem Auge vorbeifliegt auf seinem Weg zu weiteren Abenteuern. Und eine mächtige Kette von Ereignissen, Ursachen und Wirkungen brachte es in seine jetzige Kondition, und diese ist nur eine der Ketten von Ereignissen, welche weitere in Hunderten von Jahren erzeugen wird. Eine der Ketten von Ereignissen, die von diesem winzigen Stückchen Ruß entstanden sind, ist die Druckerschwärze. Gedankeninhalte konnten gedruckt, gelesen werden. Sie beeinflussen den Leser und andere – und so setzt sich die Kette von Ereignissen fort. Es übersteigt unsere Vorstellungsmöglichkeit, die Kette von Ereignissen weiter zu verfolgen, die durch dieses kleine Stückchen Ruß entstehen. Es zeigt, daß es nichts Großes und nichts Geringes gibt. Alles ist relativ.

Jeder Gedanke, den Sie denken, jede Handlung, die Sie vollziehen, haben ihre direkten und indirekten Resultate, die in die große »Kette von Ursache und Wirkung« passen.

Die individuelle Freiheit bleibt hiervon unberührt, denn im Rahmen der Geistigen Gesetze ist ein so unvorstellbar großer Freiheitsraum, von dem kaum ein menschliches Wesen Gebrauch machen kann. Die meisten Menschen halten sich in den engen Grenzen ihres momentanen Bewußtseins-Zustandes auf, der eingezäunt ist von den jeweiligen Vorstellungen, Einbildungen, Vorurteilen, Antipathien, Sympathien usw. In diesem eingekerkerten Bewußtsein kann niemals das Bild des wahren, erhabenen, multidimensionalen, unsterblichen ICH-Wesens, das jeder in Wirklichkeit ist, entstehen.

Die Mehrzahl der Menschen sind mehr oder weniger Sklaven ihrer Erbmasse, Erziehung, Umgebung usw. und offenbaren sehr wenig Freiheit. Sie sind hin- und hergerissen von den Meinungen, Gebräuchen und Gedanken der äußeren Welt, der Gesellschaft – und ebenso auch von ihren eigenen Gefühlen und Stimmungen. Sie zeigen keine nennenswerte Selbstbeherrschung. Entrüstet weisen sie diese Behauptung zurück, indem sie sagen: »Wieso, ganz gewiß bin ich frei, zu tun, was mir beliebt – ich tue das, was ich tun möchte.« Aber sie versäumen zu erklären, woraus denn das »was mir beliebt« und »was ich tun möchte« entsteht. Was veranlaßt sie denn, eine Sache lieber zu tun als eine andere? Gibt es da kein »weil« für ihre Wünsche, Absichten und Neigungen?

Der Meister kann seine Wünsche und Neigungen wandeln – gerade zum anderen Ende des geistigen Poles. Er ist in der Lage, den Wunsch zu wollen, anstatt zu wollen und zu wünschen durch Launen, Emotionen, Stimmungen oder auch Einflüsse, die aus seiner Umgebung auftauchen und in ihm eine Neigung oder einen Wunsch aufkommen lassen, dies oder jenes zu tun.

Die Mehrzahl der Menschen ist fortgerissen wie der fallende Stein, sie sind hörig ihrer Umgebung wie auch äußeren Einflüssen und inneren Stimmungen, Wünschen usw. Gar nicht zu sprechen von den Einflüssen der Wünsche und dem Willen anderer, die stärker sind als sie selbst und denen sie hörig sind. Veranlagung, Umgebung, verschiedene Anregungen und Beeinflussungen reißen sie mit sich fort ohne Widerstand ihrerseits – oder den Einsatz ihres Willens. Wie die Schachfiguren werden sie auf dem »Schachbrett des Lebens« hin- und hergeschoben. Aber die Meister, welche die Spielregeln kennen, beherrschen das sinnliche (sinnengebundene) Leben und erobern sich die höheren Kräfte ihres Wesens. Sie beherrschen ihren Charakter, ihre eigenen Stimmungen, ihre Eigenschaften – wie auch ihre Umgebung –; sie sind die Triebkraft im Spiel – die Ursache anstelle der Wirkung. Die Meister entkommen nicht dem Kausalgesetz der höheren Ebenen, sondern sie leben in Übereinstimmung mit den höheren Ebenen – und so meistern sie die Umstände auf der niedrigeren Ebene. So bilden sie einen »bewußten« Teil des Gesetzes, anstatt lediglich blinde Instrumente zu sein. Weil sie auf der höheren Ebene dienen, herrschen sie auf der stofflich-sinnlichen. Stets zum Wohle aller.

Aber ob auf höheren oder niedrigeren Ebenen – das Gesetz ist immer in Kraft. Da gibt es keinen Zufall.

Das Wissen, das uns den klaren Blick gibt, zeigt uns, daß alles durch ein universales Gesetz regiert wird – daß die unendliche Zahl von Gesetzmäßigkeiten Offenbarungen des »Einen großen Gesetzes« sind – dem Gesetz, welches DER ALLES ist. Es ist in der Tat wahr, daß kein Sperling stirbt, der nicht von DER ALLES wahrgenommen wird – und daß sogar die Haare auf unserem Kopf gezählt sind – wie die Heilige Schrift sagt. Es gibt nichts außerhalb des GESETZES – und nichts geschieht im Gegensatz zu ihm. Doch machen Sie nicht den Fehler anzunehmen, daß der Mensch ein blinder Automat ist – er ist weit davon entfernt.

Die Hermetiker lehren, wie der Mensch DAS GESETZ anwendet, um die Gesetze zu überwinden, und daß das Höhere sich immer gegen das Niedrigere durchsetzt – bis er zum Schluß das Stadium erreicht hat, in welchem er Zuflucht findet im GESETZ selbst – und über alle erscheinenden und herrschenden Gesetze lacht.

Das siebte Gesetz des Geschlechts

Das Große siebte Hermetische Gesetz – DAS GESETZ DES GESCHLECHTS – beinhaltet die Wahrheit, daß Geschlecht in allem manifestiert ist; daß das männliche und weibliche Prinzip immer gegenwärtig und aktiv ist in allen Erscheinungsformen auf den diversen Ebenen des Lebens und den verschiedenen geistigen Ebenen.

Im Sinne der Hermetiker ist Geschlecht nicht mit Sex zu verwechseln. Sex ist lediglich eine Erscheinungsform von Geschlecht auf einer bestimmten Ebene des großen Physischen Planes, der Stufe des organischen Lebens.

Zuerst finden wir eine deutliche Offenbarung vom GESETZ DES GESCHLECHTS zwischen den Teilchen, Ionen oder Elektronen, welche die Basis der Materie ausmachen und welche bei Formierung gewisser Kombinationen das Atom schaffen. Das Atom ist zusammengesetzt aus einer Vielzahl von Teilchen, Elektronen oder Ionen, die umeinander kreisen und in einem hohen Maß und einer starken Intensität pulsieren, vibrieren: Die Bildung eines Atoms ist genau der negativen Anhäufung von Teilchen um ein positives angemessen. Die positiven Teilchen machen ihren Einfluß geltend auf die negativen Teilchen und veranlassen die letzteren, gewisse Kombinationen anzunehmen und somit ein Atom zu kreieren oder zu erzeugen.

Dies ist genau in Übereinstimmung mit den uralten Hermetischen Lehren, die immer das männliche Prinzip des Geschlechts mit den »positiven« und das weibliche mit den »negativen« Polen der Elektrizität identifizierten. Der sogenannte negative Pol des Elements ist tatsächlich der Pol, durch welchen die Erzeugung oder Produktion von neuen Formen (Modellen) oder Energien sich zeigt. Der Begriff »negativ« hat hier also eine andere Bedeutung. Es ist nichts Negatives damit verbunden. Um DAS SIEBTE GESETZ DES GESCHLECHTS zu verdeutlichen, verwenden die Hermetiker, wenn sie von dem negativen Pol sprechen, das Wort »weiblich«.

Wenn also die Naturwissenschaftler sagen, daß die kreativen Teilchen oder Elektronen von negativer Elektrizität gebildet sind, so sprechen die Hermetiker von »weiblicher Energie«.

Ein weibliches Teilchen löst sich – oder besser verläßt ein männliches Teilchen – und startet eine neue Karriere. Emsig sucht es die Vereinigung mit einem »männlichen Teilchen«. Gedrängt ist es hierzu durch den Natur-Impuls (Wesens-Impuls), neue Formen der Materie oder Energie zu erzeugen. Dieses »Loslösen« und »Vereinigen« gestaltet zum großen Teil die Grundlage für den chemischen Wirkungsbereich. Wenn das weibliche Teilchen sich mit dem männlichen vereint, hat ein Prozeß begonnen. Die weiblichen Partikel vibrieren mit einer hohen Geschwindigkeit unter dem Einfluß der männlichen Energie und umkreisen diese schnellstens. Das Ergebnis ist die Geburt eines neuen Atoms. Das neue Atom besteht tatsächlich aus der Vereinigung der männlichen und weiblichen Elektronen oder Teilchen – doch wenn die Vereinigung zustandegekommen ist, wird das Atom eine gesonderte Sache mit bestimmten Eigenschaften, aber es manifestiert nicht mehr die Eigenschaft der freien Elektrizität, die es vor der Vereinigung hatte. Diese Elektronen oder Teilchen sind die höchst aktiven »Arbeiter« auf der Natur-Ebene. Aus ihren Einheiten oder Kombinationen herrührend, manifestieren sie die verschiedenen Erscheinungsformen von Licht, Hitze, Elektrizität, Magnetismus, Anziehungskraft, Abstoßung, die chemische Affinität und das Gegenteil – und ähnliche Erscheinungsformen. Und all dies rührt von der Wirksamkeit des GESETZES VOM GESCHLECHT auf der Energie-Ebene her.

Der Anteil des männlichen Elements scheint zu sein, daß er eine gewisse vererbte Energie auf das weibliche Element abzielt – und so beginnt die Wirksamkeit des kreativen Prozesses. Aber es ist das weibliche Element, das überall die aktive kreative Arbeit verrichtet – und das ist so auf allen Ebenen! Und doch, jedes Element ist unfähig, hat keine wirksame Energie, ohne die Unterstützung des anderen.

So finden wir »Geschlecht« in ständiger Offenbarung und Wirksamkeit im anorganischen und im Energie-Bereich gemäß dem SIEBTEN HERMETISCHEN GESETZ, daß Geschlecht in allem manifestiert ist.

Berücksichtigen wir noch einmal kurz die Anziehung und Abstoßung der Atome, wie auch die chemische Affinität (nach dem Zweiten Hermetischen Gesetz der Entsprechung empfinden die Moleküle, Atome und Teilchen ihre eigene Liebe und ihren eigenen Haß), und berücksichtigen wir die Anziehungskraft oder Kohäsion zwischen den Molekülen der Materie. Entdecken Sie, daß all dieses Manifestationen des Geschlechts-Elements sind? Bis in die kleinsten Teilchen hinein wirkt das Göttliche Gesetz.

Versuchen wir einmal, dieses Siebte Hermetische Gesetz auf die Gravitation anzuwenden – diese seltsame

Anziehung, wo alle Teilchen und Körperchen der Materie im Universum aufeinander zustreben. Hier finden wir eine weitere Erscheinungsform vom GESETZ DES GESCHLECHTS, welches wirksam ist insofern, als die männliche Energie die weibliche anzieht und umgekehrt. Untersuchen Sie einmal dieses Phänomen im Lichte der Hermetischen Lehren. Unterziehen Sie alle physischen Erscheinungsformen diesem Test, und Sie werden erkennen, daß das GESETZ DES GESCHLECHTS in allem sichtbar ist. Das GESETZ DES GESCHLECHTS ist beständig wirksam in Richtung der Zeugung, Wiedererzeugung und der Erschaffung, Gestaltung. Jeder Mensch und alles beinhaltet in sich diese zwei Elemente des Großen SIEBTEN HERMETISCHEN GESETZES VOM GESCHLECHT. Alles Männliche beinhaltet das Weibliche – und alles Weibliche das Männliche gemäß dem Siebten Hermetischen Gesetz. Es zeigt die Lösung vieler Mysterien des Lebens.

Geistiges Geschlecht – Telepathie, Hypnose

Viel ist diskutiert worden über die Dualität des Geistes:

Objektiver/Subjektiver Geist
Bewußter/Unbewußter Geist
Freier/Unfreier Geist
Aktiver/Passiver Geist

Die verschiedenen philosophischen Richtungen haben jeweils ihre Lieblingsvorstellung. Gehen wir weit zurück zu den dunklen Anfängen okkulter Lehren, dann finden wir Hinweise zu den alten Hermetischen Lehren vom Gesetz des Geschlechts auf der »Geistigen Ebene« – die Offenbarung vom »GEISTIGEN GESCHLECHT«.

Das männliche Prinzip des Geistes entspricht dem sogenannten

objektiven Geist
bewußten Geist
freien Geist
aktiven Geist – usw.

und das weibliche Prinzip des Geistes entspricht dem sogenannten

subjektiven Geist
unbewußten Geist
unfreien Geist
passiven Geist – usw.

Wenn Sie Ihre Aufmerksamkeit einmal nach innen auf ihr ICH wenden, das in Ihnen wohnt, stellen Sie fest, daß die Existenz Ihres ICHS sich als »ICH bin« äußert. Dies scheint zuerst einmal die endgültige Definition zu sein, die uns das Bewußtsein vermittelt. Eine weitere

Prüfung enthüllt jedoch die Tatsache, daß dieses »ICH bin« aufteilbar ist in zwei gesonderte Teile oder Aspekte, die im Einklang und in Verbundenheit zusammenwirken, nichtsdestoweniger aber vom Bewußtsein getrennt wahrnehmbar sind.

Zuerst scheint nur das ICH zu existieren. Eine sorgfältige Prüfung enthüllt die Tatsache, daß ein ICH und ein EGO (die Hermetiker nennen es auch Me = Mich) existieren. Das EGO erhält hier eine andere als die gewohnte Bedeutung, wie Sie gleich sehen werden. Diese geistigen Zwillinge unterscheiden sich in ihren Eigenschaften und in ihrem Wesen. Eine Überprüfung ihrer geistigen Beschaffenheit wirft viel Licht auf die Problematik der geistig-seelischen Beeinflussung. Beginnen wir mit der Berücksichtigung des EGO, das gewöhnlich verwechselt wird mit dem ICH.

Ein Mann denkt über sein ICH unter dem Aspekt des EGO. Er sieht es zusammengesetzt aus gewissen Gefühlen, Neigungen, Abneigungen, Gewohnheiten, Eigentümlichkeiten, Eigenschaften usw. All dies macht seine Persönlichkeit aus oder sein ICH, so wie es ihm und anderen bekannt ist. Er weiß, daß Gefühle wechseln, aufkommen und vergehen, abhängig sind vom GESETZ DES RHYTHMUS und vom GESETZ DER POLARITÄT. Sie tragen ihn von einem Gefühlsextrem zum anderen. Ebenfalls ordnet er seinem EGO ein gewisses Wissen zu, das er gesammelt hat und das einen Teil seiner Persönlichkeit ausmacht. Dies ist das EGO des Mannes.

Doch wir sind zu hastig vorangegangen. Das EGO vieler Menschen besteht zum größten Teil aus ihrem Bewußtsein über ihren Körper und ihren körperlichen Begierden und Neigungen. Ihr Bewußtsein bezieht sich größtenteils auf ihre körperliche Natur und auf ihre physischen Ambitionen, praktisch ist das ihre ganze Bewußtseins-Ebene, auf der sie leben. Einige gehen sogar so weit, daß sie ihre persönliche Erscheinung als einen Teil ihres EGOs betrachten. Ihr Körper ist ihr EGO. Sie können nicht erfassen, daß das ICH unabhängig vom Körper ist. Aber wenn die Menschen auf der Skala des Bewußtseins weiter emporsteigen, sind sie in der Lage, ihr EGO von der körperlichen Idee (vom körperlichen Gebundensein) zu befreien und sich vorzustellen, daß »der Körper dem geistig-seelischen Teil ihrer selbst angehört«. Doch selbst dann identifiziert der Mensch sein EGO vollkommen mit seinen seelischen Zuständen, Gefühlen usw., welche er in sich spürt. Er ist sehr geneigt anzunehmen, daß diese inneren Zustände identisch mit ihm selbst sind, anstatt sich vorzustellen, daß diese Zustände ganz einfach Vorgänge sind, die durch einen Teil seiner Mentalität hervorgerufen werden und in ihm existieren, durch ihn, von ihm existieren – *aber eben nicht er selbst sind.* – Er erkennt, daß er diese inneren Gefühls-Zustände durch eine Willensanstrengung ändern kann und daß er einen genau gegensätzlichen Gefühlszustand hervorrufen kann – und doch existiert immer dasselbe EGO.

Und so ist nach einer Weile der fortgeschrittene Schüler in der Lage, diese verschiedenen seelischen Zustände, Gefühle, Gewohnheiten, Eigenschaften, Eigenarten und anderen persönlichen seelischen Habseligkeiten beiseite zu schieben in die »Nicht-EGO-Kollektion« der Seltsamkeiten und Hindernisse. Dies erfordert viel geistige Konzentration und Kraft vom Schüler in bezug auf eine seelische Analyse, d.h. Bewußtmachung der Gefühle, Gewohnheiten, Eigenschaften usw. Doch die Aufgabe ist erfüllbar vom fortgeschrittenen Schüler – und auch solche, die nicht so weit fortgeschritten sind, können sich vorstellen, wie dieser Prozeß vonstatten geht.

Nachdem dieser »Beiseitelege-Prozeß« vollzogen worden ist – gemeint ist das Wahrnehmen und Distanzieren von Gefühlen, Gewohnheiten, Eigenarten usw. –, hat der Schüler eine Bewußtseinsstufe seines ICHS erreicht, auf der er sein ICH in zwei Aspekten als ICH und EGO wahrnimmt. Das EGO wird als ein seelisches Etwas erlebt, in das Gedanken, Ideen, Gefühle und andere geistig-seelische Zustände hineinproduziert werden. Man könnte es – wie die alten Weisen – als einen geistig-seelischen Schoß betrachten, der in der Lage ist, geistig-seelischen Nachwuchs hervorzubringen. Dieses Etwas stellt sich dem Bewußtsein als ein EGO vor mit latenten Kräften der Erschaffung und Hervorbringung von geistig-seelischer Nachkommenschaft der verschiedensten

Art. Seine kreative Energie wird als enorm empfunden. Doch der Schüler erkennt bald, daß dies nicht alles ist, was er in seinem inneren Bewußtsein findet. Er erkennt, daß da ein geistiges Etwas existiert, welches die Willenskraft besitzt und äußert, daß das EGO in gewissen schöpferischen Richtungen tätig wird. Dieses geistige Etwas ist ebenfalls in der Lage, beiseite zu stehen und die geistige Schöpfung zu bezeugen. Diesen Teil seiner selbst nennt er sein ICH. Der Schüler erkennt die Möglichkeit und Fähigkeit des ICHS, Energie vom ICH zum EGO zu projizieren, ein Prozeß der Bereitwilligkeit, daß die geistige Schöfung beginnt und fortschreitet.

Dieser dualistische Aspekt ist in jedermanns Geist.

Das ICH *repräsentiert das männliche Prinzip* des GEISTIGEN GESCHLECHTS, *das* EGO repräsentiert das weibliche Prinzip. Das ICH stellt den Aspekt des SEINS dar – das EGO den Aspekt des WERDENS.

Wenn man diese beiden Aspekte des Geistes – das männliche und weibliche Prinzip – das ICH und das EGO berücksichtigt in bezug auf die bekannten geistigen und seelischen Erscheinungen, so hat man einen Schlüssel zu den geistigen Wirkungen, Äußerungen und Erscheinungsformen. DAS GESETZ DES GEISTIGEN GESCHLECHTS vermittelt die Wirklichkeit, die dem gesamten Gebiet geistiger Einwirkungen und Beeinflussungen unterliegt.

Die Tendenz des weiblichen Prinzips – des EGOS – geht immer in die Richtung, Eindrücke zu empfangen –

während die Tendenz des männlichen Prinzips – des ICHS – immer in die Richtung geht, sich auszudrücken, sich zu offenbaren. Das weibliche Prinzip hat ein viel größeres Tätigkeitsfeld als das männliche Prinzip. Das weibliche Prinzip – EGO – führt die Arbeit aus, neue Gedanken, Begriffe, Ideen, Imaginationen hervorzubringen, zu gebären. Das männliche Prinzip – ICH – beschäftigt sich mit dem »Willen« in seinen verschiedenen Stufen. Doch ohne die aktive Unterstützung des Willens vom männlichen Prinzip – ICH-Aspekt – ist das weibliche Prinzip – EGO-Aspekt – geneigt, sich zufrieden auszuruhen mit den erzeugten geistigen Vorstellungen, welche das Resultat von Eindrücken sind, die von außen erhalten wurden, anstatt selbst eigene ursprüngliche, schöpferische geistige Erzeugnisse zu produzieren; dazu braucht es den Anstoß vom eigenen ICH – vom Willens-Aspekt.

Die Mehrzahl der Menschen beschäftigt das männliche Prinzip sehr wenig. Die meisten sind zufrieden, mit den Gedanken und Ideen zu leben, die in ihr EGO eingeträufelt wurden vom ICH anderer.

Beim Phänomen der Telepathie kann man beobachten, wie die vibrierende Energie des männlichen Prinzips, des ICHS, zum weiblichen Prinzip, des EGOS, einer anderen Person hinprojiziert wird, und diese nimmt den Gedanken-Samen und läßt ihn in sich zur Reife entwikkeln. Auf dieselbe Weise wirken Suggestion und Hypnose: Das männliche Prinzip, das ICH der Person, die

die Suggestionen gibt, richtet einen Strom von vibrierender Energie oder Willenskraft zum weiblichen Prinzip, dem EGO, einer anderen Person. Nimmt diese es an, macht sie es zu ihren »eigenen« Gedanken und Handlungen.

Eine Idee, die auf diese Weise in die Seele einer anderen Person hineingelegt wird, wächst und entwickelt sich und wird zu gegebener Zeit als die rechtmäßige geistige Frucht des Individuums betrachtet, wobei es in Wirklichkeit dem Kuckucksei gleicht, das in des Spatzen Nest gelegt wurde, wo es den rechtmäßigen Nachwuchs zerstört und sich ein Zuhause bereitet.

Der fruchtbare Zustand im Männlichen und Weiblichen – im ICH- und EGO-Aspekt – der geistigen Verfassung einer Person ist, in harmonischer Verbindung zueinander zu handeln und zu koordinieren. Aber unglücklicherweise ist das männliche Prinzip, das ICH, des Durchschnitts-Menschen zu faul zu handeln; d.h., die Entfaltung der Willenskraft ist zu schwach; und die Konsequenz davon ist, daß diese Personen beinahe vollkommen geleitet werden durch den Geist und Willen anderer Personen, die ihr Denken und Wollen auf die Willensschwachen übertragen und sie veranlassen, es für sie auszuführen. Wie wenig eigene, ursprüngliche, schöpferische Gedanken und Handlungen werden von dem Durchschnitts-Menschen kreiert und ausgeführt! Sind nicht die Mehrzahl der Menschen lediglich Schatten und Echos von anderen, die einen stärkeren Willen und geistigen Einsatz haben als sie selbst? Das Übel ist, daß der Durchschnitts-Mensch fast ausschließlich in seinem EGO-Bewußtsein weilt und gar nicht wahrnimmt, daß er auch ein ICH hat. Er ist polarisiert im weiblichen Prinzip seines Geistes (im EGO-Aspekt), und das männliche Prinzip (der ICH-Aspekt), in welchem der Wille verankert ist, bleibt unaktiv und unbeschäftigt.

Die starken Männer und Frauen der Welt manifestieren beständig das männliche Prinzip des Willens. Ihre Stärke beruht wesentlich auf dieser Tatsache. Anstatt daß sie von den Eindrücken und Einflüssen, die durch andere auf ihre Seele ausgeübt werden, leben, beherrschen sie ihren eigenen geistig-seelischen Bereich durch ihren Willen. Sie erhalten die Sorte geistiger Vorstellungen, die sie wünschen, und dominieren außerdem den geistig-seelischen Bereich anderer ebenso – in der gleichen Weise.

Schauen Sie sich die starken Persönlichkeiten an, die es fertigbringen, ihre Gedanken-Saat in Geist und Gemüt der Massen hineinzupflanzen und sie zu veranlassen, Gedanken in Übereinstimmung mit ihren Wünschen und ihrem Willen zu denken (die Masse wird veranlaßt, Wunsch und Willen dieser starken Individualitäten auszuführen). Darum sind die Menschen-Massen so schafgleiche Kreaturen, die weder eine eigene Idee selbst erzeugen noch ihre eigenen Kräfte der geistigen Wirksamkeit nutzen. Sehen Sie, wie absolut wesentlich, ja lebensnotwendig eine solche philosophische Ausbildung über diese hermetischen Gesetze bereits in der Schule wäre. Denn zum Beispiel können Diktatoren nur ihr oft freiheitsberaubendes und teilweise mörderisches Unwesen treiben, wenn keine Aufklärung und Bildung über eine individuelle entwicklungsfördernde Selbstbeherrschung und -entfaltung erfolgt. Darum sollte es unbedingt zur Grundausbildung gehören, zuerst einmal das SELBST in seinen hier dargelegten Aspekten von EGO und ICH zu erläutern und die einzigartige Möglichkeit aufzuzeigen, durch die Anwendung der bisher genannten sechs hermetischen Gesetze auf der Skala des Bewußtseins Stufe um Stufe höher zu steigen zum Zwecke der Selbsterkenntnis und -entfaltung. Beides kreiert die Macht der positiven Selbstbeherrschung, die allein eine Entwicklung in innerer Freiheit gewährleistet und keiner Manipulation von außen unterliegt. Mit Selbstbeherrschung ist keineswegs die Unterdrükkung von Gefühlen gemeint, sondern durch ein geübtes positives Denken höherer Art eine Kultivierung und dadurch eine Steuerung der Gefühle. Hier ist ein Weg angedeutet. Bereits herrschende Zustände mißlicher Art müßten differenzierter beurteilt werden.

Eine Aufklärung bis hinein in die kleinsten Teilchen des irdisch-materiellen Seins ist heute selbstverständlich bis hinauf in astronomische Bereiche. Doch wer ist es, der diese großartigen Leistungen vollbringt? Das menschliche ICH. Wer ist dieses ICH? Wieviel mehr – unendlich viel mehr – könnte der Mensch vollbringen, wenn er sich seine schöpferische Größe durch Aufklärung erringen würde. »Mensch erkenne Dich selbst« war stets die Forderung an die Geheimschüler in manchen Mysterienstätten der Antike. Denn der Mensch ist der Mikrokosmos des Makrokosmos – siehe 2. Gesetz der Entsprechung. Alle makrokosmische Weisheit ruht verborgen in ihm. Darum: Erkenne Dich selbst – in der Stille, in der Ruhe mit Dir selbst. Der wahre Mensch ist noch gar nicht geboren. Er ist noch im embryonalen Zustand und harrt sehnsüchtig auf seine Geburt.

Machen Sie sich einmal bewußt: Der Naturwissenschaftler fragt »Was ist die Welt«, während der philosophische Geisteswissenschaftler fragt »Wer oder was ist der Mensch«. Und schließlich ist es doch der Mensch, der Naturwissenschaft betreibt. Ist es deswegen nicht eine zwingend notwendige, logische Forderung, den Menschen in seiner Ganzheit von Körper-Seele-Geist sorgfältig zu studieren? Solange nur eine körperlich-materielle Kultur betrieben wird und keine geistig-seelische, wird der Mensch trotz äußeren Wohlstandes und besserer sozialer Verhältnisse nie zu einer inneren Harmonie, Freude, heiteren Gelassenheit, ja, einer alles umfassenden Liebe gelangen, denn es fehlt ihm die Erkenntnis von seiner eigenen verborgenen göttlichen Größe. Weil ihm diese Erkenntnis fehlt, darum ist der heutige Mensch in die Situation geraten, selbstmörderisch mit sich umzugehen: Da er nur eine »äußere Kultur« betreibt, läßt er sich von allen äußeren Dingen und

Angelegenheiten diktieren, wie er sich zu verhalten hat. Der Mensch hat sich dadurch zum Sklaven degradiert.

Gehetzt, gestreßt, frustriert bewegt er sich zwischen seinen hochtechnisierten Errungenschaften. Ruhelos, erschöpft stolpert er durch die Tage seines Lebens.

Will der Mensch wirklich diese Tragödie weiterspielen?

Gibt es einen Weg heraus aus diesem Dilemma? Ruhe und Stille, wenigstens zuerst einmal zehn Minuten am Tag, ganz zurückgezogen. O, die Seele revoltiert am Anfang. In der Stille können verzerrte Bilder, chaotische Gedanken auftauchen. Dies ist nur im Anfang. Versetzen Sie sich in die Position eines ruhigen Beobachters. Ganz neutral. Lassen Sie alle Gedanken und Gefühle wie Wolken an einem Berg vorüberziehen. Der Berg sind Sie. Nach einigen Wochen oder auch Monaten Übung spüren Sie die wundervolle aufbauende Wirkung.

Doch als Basis für solche oder ähnliche Übungen der Stille brauchen Sie Wissen. Nutzen Sie die Zeit Ihres Lebens unter anderem und vor allem, um zu erfahren, wer Sie in Ihrer unsterblichen Größe sind. Erkennen Sie durch Studium mehr und mehr die schöpferische Kraft, das Göttliche, in sich selbst, das Sie zur bedingungslosen Liebe einmal befähigen kann.

Jetzt wollen wir uns wieder dem Studium über die letzten Ausführungen des 7. hermetischen Gesetzes des Geistigen Geschlechts zuwenden.

Die Manifestation des GEISTIGEN GESCHLECHTS kann überall um uns herum im täglichen Leben wahrgenommen werden.

Die anziehenden Persönlichkeiten sind solche, die in der Lage sind, das männliche Prinzip, das ICH, zu nutzen in der Weise, daß sie ihre Ideen anderen einprägen. In diesem Prinzip liegt das Geheimnis der persönlichen Anziehung, Einflußnahme und der persönlichen Ausstrahlung usw., wie auch das Phänomen, das allgemein unter dem Begriff »Hypnose« anzutreffen ist.

Der Student der Hermetischen Wissenschaft, der sich durchdrungen fühlt von DER ALLES und der weiß, daß DER ALLES in jedem Menschen, in jedem Wesen, in allem lebt und wirkt, der Student achtet die Persönlichkeit und innere Freiheit des einzelnen. Niemals wird er dem anderen seine eigenen Ideen aufzwingen. Vielmehr wird er bemüht sein, das ICH des anderen zu stärken.

Wenn Sie etwas erreichen wollen – in welcher Beziehung auch immer –, so müssen Sie diesen männlichen Teil Ihres Selbstes – dieses ICH – stärken. Dann haben Sie den Willens-Impuls und Willens-Einsatz, der Ihnen hilft, zu gewünschten Resultaten zu kommen. Eine Aufklärung ist deswegen so wichtig, damit Sie die Funktion Ihres ICHS in seinem dualistischen Aspekt von ICH und EGO verstehen.

Hermetische Grundsätze

Die Hermetischen Wissenschaftler und Weisen betonen, daß das Wissen angewandt, gelebt werden muß. Das »Gesetz der Anwendung« ist universal, und der, der es verletzt, leidet. Wissen ohne Anwendung und Äußerung ist eine »nutzlose« Sache, die seinem Besitzer nichts Gutes bringt.

Hüten Sie sich vor »seelischer Trübsal« – und bringen Sie das, was Sie gelernt haben, *zum Ausdruck*. Dies ist die ausdrückliche Forderung der Hermetiker. Studieren Sie nicht nur die Gesetze, praktizieren Sie sie auch!

Das Wissen ist nicht wirklich Ihr eigenes, solange Sie es nicht anwenden, in die Praxis umsetzen.

Um Ihren seelischen Zustand zu ändern, ändern Sie Ihre Schwingungen. Man kann seine seelischen Schwingungen durch eine *Willensanstrengung* ändern, indem man seine Aufmerksamkeit und seine Konzentration auf einen *wünschenswerteren* Zustand richtet. (Siehe hierzu die Techniken des FRIEBE-ALPHA-TRAININGS im Buch: Das ALPHA-TRAINING – Oesch Verlag, Zürich.)

DER WILLE befiehlt der Aufmerksamkeit und Konzentration und zeigt Ihnen den Weg. Die Aufmerksamkeit und Konzentration ändern sodann die Schwingungen. *Kultivieren Sie die Kunst der Aufmerksamkeit und Konzentration mit Hilfe Ihres Willens* – und Sie haben das Geheimnis der Herrschaft über Stimmungen und seelische Zustände gelöst.

Um ein ungewünschtes Maß an seelischer Schwingung zu zerstören, wenden Sie das »GESETZ DER POLARITÄT« an, indem Sie sich auf den entgegengesetzten Pol zu dem, was Sie überwinden wollen, konzentrieren. Vernichten Sie das Ungewünschte durch den Wechsel der Polarität (siehe Spiegel-Leinwandtechnik im FRIEBE-ALPHA-TRAINING). Dies ist eine der wichtigsten Hermetischen Formeln. Es basiert auf wahren wissenschaftlichen Prinzipien. Es ist Ihnen gezeigt worden, daß ein seelischer Zustand und sein Gegenteil lediglich die zwei Pole einer Sache sind. Wenn Sie von Furcht besessen sind, verschwenden Sie keine Zeit damit, die Furcht zu tilgen, kultivieren Sie statt dessen die Eigenschaft des »Mutes«. Um eine negative Eigenschaft zu überwinden, konzentrieren Sie sich auf den positiven Pol derselben Eigenschaft – und die Schwingungen werden sich allmählich umwandeln vom Negativen zum Positiven, bis Sie schließlich polarisiert sind zum positiven Pol hin anstatt zum negativen!

Durch den Wechsel der Polarität können Sie Ihre Stimmungen beherrschen, Ihre seelischen Zustände und Gesinnung ändern und »Charakter« entwickeln. Der Hermetische Grundsatz lautet:

»Geist« (wie auch Metalle, Grundstoffe, Elemente) wandelt sich:

von Zustand zu Zustand,
von Grad zu Grad,
Kondition zu Kondition,
Pol zu Pol,
Schwingung zu Schwingung.

Wer die Polarisation beherrscht, ist Meister der geistigen Transmutation oder der »geistigen Alchemie«, denn bevor man nicht die Kunst der Umwandlung seiner eigenen Polarität beherrscht, ist man unfähig, auf seine Umwelt einzuwirken.

Dieses Gesetz ist wahr; die Resultate sind jedoch abhängig von der *ausdauernden Geduld und Praxis* des Studenten.

Wie die Hermetiker erklären, gibt es sowohl eine höhere Bewußtseins-Ebene als auch eine übliche, gewöhnliche, niedrigere Bewußtseins-Ebene, und der Meister, der sich geistig zu der höheren Ebene schwingt, veranlaßt den geistigen Pendelschlag, sich auf der niedrigeren Bewußtseins-Ebene zu manifestieren; und während er sich konzentriert auf der höheren Bewußtseins-Ebene aufhält, entkommt er den Auswirkungen des Rückwärtsschwungs des geistigen Pendels.

Diese Wirkung wird durch die Polarisation zum höheren Selbst hin erreicht. Die geistigen Schwingungen des EGOs steigen über die gewöhnliche Bewußtseins-Ebene hinaus. Es ist zu vergleichen damit, daß man sich über ein Ding erhebt und es unter sich durchgleiten läßt. Der forgeschrittene Hermetiker polarisiert sich zum positiven Pol seines Seins – dem HÖHEREN-SELBST-POL – eher als zum Pol seiner momentanen Persönlichkeit, und indem er die Wirksamkeit des Rhythmus zum negativen Pol hin ablehnt, erhebt er sich über diese Bewußtseins-Ebene, diese niedrigere. Er steht fest in seinem gewünschten Seins-Zustand und läßt das Pendel zurückschwingen auf die niedrigere Bewußtseins-Ebene, ohne seine Polarität zu wechseln. Er hält sich am positiven Pol durch den *Einsatz seines Willens* fest.

Dies wird von allen Individualitäten erlangt, die irgendein Maß von Selbstbeherrschung erreicht haben, ob sie das Gesetz nun verstehen oder nicht. Solche Personen lehnen es ganz einfach ab, sich zu erlauben, vom Pendelschlag der Stimmungen und Gefühle zurückgeschwungen zu werden. Durch standhafte Bejahung ihrer Überlegenheit verbleiben sie polarisiert im positiven Pol.

Natürlich erreicht der »Meister« noch ein weitaus größeres Maß an Fertigkeit, weil er das Gesetz *versteht*, welches er überwindet durch ein höheres Gesetz. Durch seinen Willenseinsatz erreicht er ein Maß an Ausgeglichenheit und geistiger Standfestigkeit, das beinahe unvorstellbar ist für solche, die sich vorwärts- und rückwärtsschwingen lassen durch den geistigen Pendelschlag ihrer Stimmungen und Gefühle.

Erinnern Sie sich immer, daß Sie niemals das »Gesetz des Rhythmus« zerstören können, denn es ist *unzerstör-*

bar. Sie überwinden einfach ein Gesetz, indem Sie es mit einem anderen ausgleichen und auf diese Weise ein Gleichgewicht erhalten. (Umpolung ist Ausgleich des Gesetzes.) Stören Sie sich auch auf gar keinen Fall an eventuellen Rückfällen. Sie sind Bestandteil der Entwicklung. Gehen Sie unbeirrt weiter vorwärts. Schauen Sie nie zurück.

Nichts entkommt dem »GESETZ VON URSACHE UND WIRKUNG«. Aber es gibt viele Ursachen-Ebenen. Indem man die Gesetze der höheren Ursachen-Ebenen anwendet, überwindet man die Gesetze der niedrigeren. Durch die Umpolung von einem Zustand zum gewünschten anderen erzeugt man andere Ursachen und Wirkungen als auf der niedrigeren Pol-Ebene.

Die Hermetiker beherrschen ihre Stimmungen und Gefühle und sind somit in der Lage, den Rythmus zu neutralisieren. Sie entkommen damit einem großen Teil der Wirkungen des »GESETZES VON URSACHE UND WIRKUNG« auf der gewöhnlichen Ebene.

Die meisten Menschen werden mitgerissen: in Abhängigkeit von ihrer Umgebung, vom Willen, der Vorstellung und den Wünschen anderer, die stärker sind als sie selbst; den Suggestionen derer, die um sie herum sind, und anderer Ursachen, die sie auf dem »Schachbrett des Lebens« hin- und herschieben wie bloße Schachfiguren.

Indem er sich über die beeinflussenden Ursachen erhebt, trachtet der fortgeschrittene Hermetiker nach einer höheren geistigen Ebene, und durch Beherrschung seiner Stimmungen, Gefühle und Impulse erschafft er sich »Charakterstärke«, »Persönlichkeit«, »Qualitäten« und »Kräfte«. Er überwindet seine gewöhnliche Umwelt. So wird er der Agierende, anstatt die bloße Schachfigur zu sein. Solche Menschen wenden die Spielregeln des Lebens verständnisvoll an, anstatt hin- und hergeschoben zu werden durch stärkere Einflüsse und Kräfte und fremden Willen. Sie wenden das »GESETZ VON URSACHE UND WIRKUNG« an, anstatt von ihm benutzt zu werden. Natürlich unterliegen selbst die Höchstentwickelten diesem Gesetz, das auch auf den höheren Ebenen sich manifestiert – aber auf den niedrigeren Wirkungs-Ebenen sind sie Meister statt Sklaven. Die Weisen dienen auf der höheren Ebene, aber herrschen auf der niedrigeren. Sie gehorchen den höheren Gesetzen! Aber auf ihrer eigenen Ebene und denen unter ihnen herrschen sie und geben Befehle. Stets zum Wohle aller.

Der weise Mann lebt in Übereinstimmung mit dem Gesetz – und er wirkt und handelt mit dem Verständnis für die Äußerungen des Gesetzes, anstatt sein blinder Sklave zu sein.

So verhält sich der geübte Schwimmer, der diese und jene Richtung einschlägt, so wie er es will, anstatt wie das Holzstück zu sein, das hier- und dahin getragen wird – und so verhält sich der weise Mann verglichen mit dem Durchschnittsbürger. Und doch unterliegen beide dem Gesetz.

Der, welcher dies versteht, ist auf dem richtigen Weg zur Meisterschaft. *Die wahre Hermetische Transmutation ist eine geistige Kunst.*

Die Hermetiker lehren in ihren Grundsätzen, daß das große Werk der Einwirkung auf sich und die Umwelt ausgeführt und erreicht wird durch Geistige Kraft und Energie. Das Universum ist durch und durch geistig. Daraus folgt, daß es nur geistig regiert und beherrscht werden kann. Wenn das Universum geistig seiner substantiellen Natur nach ist, dann kann man daraus schließen, daß geistige Transmutation die Konditionen, Erscheinungen, Phänomene des Universums ändern muß. Wenn das Universum geistig ist, dann muß Geist die höchste Kraft sein, die auf die Phänomene und Erscheinungen des Universiums einwirkt. Wenn dies verstanden wird, dann betrachtet man alle sogenannten »Wunder« und »Zauberer« für das, was sie sind, nämlich Beherrscher der Gesetze. DER ALLES *ist Geist; das Universum ist geistig.*

Zusammenfassung: Alle hermetischen Gesetze wirken ständig im Menschen und bestimmen sein Schicksal

So haben Sie nun die Sieben Gesetze des Großen HERMES TRISMEGISTOS studiert – die Sieben Schlüssel der Weisheit. Studieren Sie diese Gesetze immer wieder, bis Sie ganz von ihnen erfaßt sind und dadurch die Gesetze allmählich immer besser leben und zum Ausdruck bringen können, was Sie mit Harmonie erfüllt und Sie immer mehr Meister Ihres Schicksals werden läßt, das sich jeder durch die Anwendung der geistigen Gesetze selbst gestaltet.

Das Erste Hermetische Gesetz des Geistes lehrt, daß DER ALLES Geist ist, daß er das höchste Bewußtsein ist – das alles geschaffen hat. Und somit kann nichts außerhalb von DER ALLES existieren: DER ALLES ist in allem, und alles ist in DER ALLES.

Das höchste Bewußtsein ist sich stets aller Teile seiner Schöpfung *bewußt*. Aber DER ALLES ist immer mehr als alle Teile seiner Schöpfung. Das Universum und alles, was es beinhaltet, ist die Geistige Schöpfung von DER ALLES. *In der Tat: alles ist Geist*. Wie herrlich, in diesem Bewußtsein zu leben. Wenn alles Geist ist – SEIN GEIST –, dann ist alles liebenswert.

DAS ZWEITE HERMETISCHE GESETZ DER ENTSPRECHUNG beinhaltet die Wahrheit, daß Harmonie, Übereinstimmung und Entsprechung zwischen den verschiedenen Bewußtseins-Ebenen herrscht. Der Einfachheit halber wird das Große Universum in drei große Ebenen aufgeteilt:

I. DIE GROSSE PHYSISCHE EBENE
II. DIE GROSSE SEELISCHE EBENE
III. DIE GROSSE GEISTIGE EBENE

Jede dieser Ebenen durchstrahlt die andere. Es können also keine scharfen Trennungen gemacht werden. Jede dieser Ebenen hat sieben untergeordnete Ebenen – und auch hier gibt es wieder jeweils sieben Unterteilungen.

Zwischen allen Ebenen bestehen Entsprechungen und Kommunikationen. Der Mensch als der Mikrokosmos besteht ebenfalls aus diesen drei Ebenen: Physischer, Seelischer und Geistiger.

So besteht eine ständige Kommunikation und Entsprechung zwischen Mikrokosmos Mensch und Makrokosmos Universum. Machen Sie sich dies öfters bewußt. Es bereichert Ihr Sein auf eine wunderbare Weise. Es werden Kanäle geöffnet, die bis jetzt zugeschüttet waren.

DAS DRITTE HERMETISCHE GESETZ DER VIBRATION UND SCHWINGUNG sagt aus, daß Vibration und Schwingung sich im ganzen Universum zeigen. Alles bewegt sich, vibriert, schwingt und zirkuliert – nichts ruht!

All das, was wir Materie und Energie nennen, sind verschiedene Modifikationen von Vibrationen und Schwingungen. Ebenfalls das Phänomen des Geistes ist eine Modifikation von Vibration und Schwingung. Jeder Gedanke – jedes Gefühl – jedes seelische Stadium hat seine entsprechenden Stufen der Vibration und Schwingung. Und so werden durch eine Änderung der inneren Einstellung die Vibrationen und Schwingungen verändert – und andere geistig-seelische Zustände werden erzeugt. Die Hermetiker sagen: »Die DAS GESETZ DER VIBRATION UND SCHWINGUNG verstehen, haben das Zepter der Macht ergriffen.« (Mit allen FRIEBE-ALPHA-Techniken verändern Sie die Vibrationen und Schwingungen zum positiven Pol hin.)

DAS VIERTE HERMETISCHE GESETZ DER POLARITÄT verkörpert die Wahrheit, daß alle Erscheinungen zwei Seiten haben, zwei Aspekte, zwei Pole: ein gegensätzliches Paar – mit verschiedenen Abstufungen dazwischen. Diese gegensätzlichen Paare sind identisch vom Ursprung her. Die zwischen den zwei Polen liegenden Bereiche sind nur graduelle Unterschiede von Schwingungen.

Wer das GESETZ DER POLARITÄT bewußt oder unbewußt anwendet, kann seinen seelischen Zustand umwandeln – *durch Konzentration auf den entgegengesetzten, gewünschten Pol*. Diese Konzentration auf den entgegengesetzten Pol ist nur durch einen *starken Willenseinsatz* aufrechtzuerhalten.

Wer das Polaritätsgesetz durch einen trainierten Willen mehr und mehr beherrscht, wird Meister seiner seelischen Zustände und ist nicht länger ihr Sklave.

DAS FÜNFTE HERMETISCHE GESETZ DES RHYTHMUS beinhaltet die Wahrheit, daß in allen Erscheinungen eine regelmäßige Bewegung ist, eine Hin- und Her-Bewegung, ein Einströmen und Ausströmen, ein Vorwärts- und Rückwärtsschwung – eine Bewegung, die einem Pendel gleicht.

Bewegung und Rhythmus zwischen den zwei Polen, die auf der Physischen, Seelischen und Geistigen Ebene erscheinen.

Das GESETZ DES RHYTHMUS ist eng verbunden mit dem GESETZ DER POLARITÄT. Rhythmus manifestiert sich zwischen den beiden Polen. Das GESETZ DES RHYTHMUS drückt sich in allen Phänomenen aus: in der Entstehung und Schöpfung von Welten – und in ihrer Zerstörung, ihrem Untergang; im Entstehen und Vergehen von Nationen; und natürlich in allen seelischen Zuständen der Menschen.

Der Pendelschlag des Rhythmus schwingt beständig von einem Pol zum andern, von den kleinen Dingen zu den großen – und schließlich von Geburt zu Tod – und auch wieder zurück: vom Tod zu neuer Geburt. Der Pendelschlag ist immer offensichtlich.

Schulen Sie Ihren Willen und die Kunst der Aufmerksamkeit und Konzentration – dann können Sie sich am gewünschten Pol festhalten und den Pendelschlag des Rhythmus zum negativen Pol zurückschwingen lassen. Dadurch erleben Sie all die positiven, erfreulichen, beglückenden Aspekte des positiven Pols – was Sie bestärkt, weiter in dieser Richtung zu schreiten. Der Hermetiker polarisiert sich zum gewünschten Pol und steht fest und unerschütterlich im Wirkungsbereich seiner polarisierten Position. Ungerührt erlebt er den Pendelschlag zum anderen Pol hin. Durch seinen Willens-Einsatz, am gewünschten Pol festzuhalten, erreicht der Hermetiker ein hohes Maß an seelischer Ausgeglichenheit und Beständigkeit, das unvorstellbar ist für diejenigen, die noch hin- und hergezogen werden vom seelischen Pendelschlag ihrer Stimmungen und Emotionen.

DAS SECHSTE HERMETISCHE GESETZ DER KAUSALITÄT sagt, daß jede Ursache ihre Wirkung hat – und jede Wirkung ihre Ursache. Alles geschieht gemäß dem Geistigen Gesetz. Es gibt keinen »Zufall«. *Zufall ist nur ein Begriff für ein Gesetz, das nicht erkannt wird.*

DAS SECHSTE HERMETISCHE GESETZ VON URSACHE UND WIRKUNG beinhaltet die Wahrheit, daß Gesetzmäßigkeiten das Universum durchdringen und daß *nichts durch Zufall geschieht.*

Immer ist ein Zusammenhang, ein Bezug da zwischen allem, was vergangen ist – und allem, was folgt.

So ist Ihre jetzige innere Einstellung und äußere

Handlungsweise die Ursache für die zukünftigen Wirkungen. In ihrer Freiheit liegt es, durch Konsequenz, Willens-Einsatz und Ausdauer den Pol zu wechseln; Ihre innere Einstellung und Handlungsweisen zu ändern – und dadurch andere, gewünschte Wirkungen in der Zukunft zu erzeugen.

Sie können der Meister Ihres Schicksals sein – und dabei Charakter, Persönlichkeit, Stärke – vor allem innere Freiheit entwickeln und erreichen. Sie sind der Agierende, sie schieben die Schachfiguren – anstatt geschoben zu werden. Doch alles geschieht in tiefem Verständnis zu DER ALLES, der in jedem und allem wirkt und lebt. So können Sie wohl immer mehr der Meister Ihres Schicksals werden durch eine gezielte positive geistige Einstellung und entsprechende Handlungsweisen – doch versuchen Sie auch mit einzubeziehen: »Dein Wille geschehe.« Es gibt Erfahrungen und Situationen, die sich dem menschlichen Verständnis entziehen, die jedoch eine tiefe Bedeutung für seine geistig-seelische Entwicklung haben.

Darum bejahen Sie die jeweilige Situation, in der Sie jetzt leben. Sie haben dafür in der Vergangenheit durch bewußtes oder unbewußtes Denken, Fühlen und Handeln die Ursache für die jetzige Wirkung geschaffen. Bemitleiden Sie sich auf keinen Fall. Doch akzeptieren Sie sich freundschaftlich-liebevoll. Jede Situation als Wirkung unserer eigenen erzeugten Ursachen ist ein bedeutsamer »Lehrmeister«. Darum bejahen Sie, um *jetzt* durch eine treue Geistes-Seelenkultur eine neue Ursache für spätere bessere Situationen zu schaffen.

DAS SIEBTE HERMETISCHE GESETZ DES GESCHLECHTS sagt aus, daß Geschlecht in allem manifestiert ist; daß das männliche und weibliche Prinzip immer gegenwärtig und aktiv ist in allen Erscheinungsformen auf den diversen Ebenen des Physischen, Seelischen und sogar des Geistigen Lebens. Wir finden das GESETZ DES GESCHLECHTS auf der organischen wie auf der Energie-Ebene: positive und negative Teilchen – die Hermetiker benennen diese mit männlichen und weiblichen Teilchen – ziehen sich an und stoßen sich ab.

Und das HERMETISCHE GESETZ DES GESCHLECHTS ist ebenfalls auf der Geistigen Ebene zu finden. Das männliche Prinzip des Geistigen Geschlechts entspricht dem ICH – und das weibliche dem EGO. ICH und EGO sind geistige Zwillinge: männlich und weiblich, beides zusammen ist in jedem Menschen vertreten.

Das EGO – das weibliche Prinzip – nimmt Eindrücke auf und erzeugt Ideen, Vorstellungen, Imaginationen, usw. Das ICH – das männliche Prinzip – repräsentiert den Willen. Der Wille – das männliche ICH-Prinzip – ist notwendig, um die hervorgebrachten, geborenen Ideen des weiblichen EGO-Prinzips zur Verwirklichung zu bringen.

Bei den meisten Menschen ist das ICH-Prinzip zu schwach und das EGO-Prinzip vorherrschend. So sind die meisten Menschen beeindruckbar und beherrschbar von starken Menschen, die ihr ICH ausgebildet haben.

Eine harmonische Verbindung und Kommunikation zwischen EGO und ICH zieht einen ausgeglichenen und erfolgreichen Zustand auf der geistigen, seelischen und physischen Ebene nach sich. Das Ergebnis ist eine harmonische, gefestigte Persönlichkeit, die in Übereinstimmung mit den geistigen Gesetzen wirkt und lebt, die ihren ewigen, unsterblichen geistigen ICH-BIN-Zustand immer mehr erkennt.

Der Große HERMES TRISMEGISTOS hat mit seinen Sieben Gesetzen die Gesetzmäßigkeit und Wirkungsweise aller Daseins- und Erscheinungsformen auf allen Ebenen erläutert. In allem ist Gesetzmäßigkeit und Harmonie. Die Kenntnis und der Einsatz dieser Gesetze erweitert das Bewußtsein, unterstützt die Steuerung und Beeindruckung zukünftiger Ereignisse im besten Sinn – und führt zu einer harmonischen Persönlichkeit.

Und wenn der Mensch sich weiter und weiter in seinem Bewußtsein entwickelt, steigt er auf der Stufenleiter des Bewußtseins immer höher hinauf – und dann leiten ihn nicht mehr Wünsche, Begierden und Stimmungen, sondern Prinzipien und Grundsätze, Ideale, die er sich selber durch errungene Erkenntnis gibt – wie C.W. Leadbeater ausführt.

Die Entwicklung des individuellen menschlichen Bewußtseins auf dem irdischen Planeten durch die sieben großen Kulturepochen hindurch

basierend auf den Aussagen Rudolf Steiners
aus seinem Werk
»Ägyptische Mythen und Mysterien«[2]

2 Rudolf-Steiner-Verlag, Dornach/Schweiz. (Alle Aussagen Steiners aus seinem Werk habe ich in Anführungszeichen gesetzt).

Wir wollen uns jetzt mit der Entwicklung des ICH-Bewußtseins auf dem irdischen Planeten auseinandersetzen. Heute leben wir in der fünften nachatlantischen Kultur-Epoche (ich werde dies später genauer erläutern), und Sie werden unseren heutigen engen Bezug aus geisteswissenschaftlicher Sicht zu Alt-Ägypten entdecken. So werden Sie auch HERMES TRISMEGISTOS wiederbegegnen.

Ich habe mich unter anderem mit Ausführungen von C.W. Leadbeater[3], Dr. Murdo McDonald Bayne[4], besonders mit denen des philosophischen Geisteswissenschaftlers Rudolf Steiner in seinem Werk »Ägyptische Mythen und Mysterien«[5] auseinandergesetzt. Die folgenden Ausführungen sind zum Teil ein Extrakt dieses Werkes. Sie stellen eine gute Ergänzung des ersten Teiles dar und vertiefen das Wissen von der großartigen Entwicklung des menschlichen ICH-Bewußtseins in den Sieben Großen Kultur-Epochen auf dem irdischen Planeten.

Jede Kultur-Epoche hatte und hat ihre großen geistigen Führer, die auserwählte Schüler ausbildeten. Diese geistigen Führer und ihre Schüler haben immer gewußt, daß das menschliche Bewußtsein unabhängig vom Kör-

3 Der Sichtbare und der Unsichtbare Mensch, Bauer-Verlag, D-Freiburg.

4 Göttliche Heilung von Seele und Leib, Aurum Verlag, D-Freiburg.

5 Rudolf Steiner Verlag, Dornach/Schweiz.

per ist, sich sozusagen des Körpers nur bedient. Sie wußten es – und sie praktizierten es. Dieses uralte Wissen von der Unabhängigkeit des menschlichen Bewußtseins vom Körper ist heute wiederentdeckt worden durch moderne Naturwissenschaftler. In meinem Vortrag am 11. Oktober 1981 vor ehemaligen Kursteilnehmern des FRIEBE-ALPHA-TRAININGS über die »Magie des Bewußtseins«[6] zitierte ich die Aussagen des Hirnforschers und Nobelpreisträgers Prof. Sir John Eccles:

»Das Bewußtsein ist letztlich auf keinerlei organische Substanz oder Funktion in irgendeiner Form rückführbar. Das Bewußtsein ist eine in sich selbst gegründete Seinsform, das aus der Hirnrinde jeweils das herausliest, was seiner jeweiligen Aufmerksamkeit entspricht; das Bewußtsein, das andererseits aber von sich auf den neuronalen Apparat der Hirnrinde einwirkt. Das Bewußtsein übt also eine übergeordnete, integrierende und kontrollierende wie selektierende Funktion aus. Das Bewußtsein ist vom menschlichen Körper unabhängig, steht aber in einem wechselseitigen gebenden und nehmenden Verhältnis zu ihm.«

Der Gehirnforscher und Nobelpreisträger Prof. Sir John Eccles führt also aus, daß das Bewußtsein »unabhängig« vom menschlichen Körper ist – sich sozusagen des Körpers bedient. Das ist eine großartige, bedeu-

6 Erhältlich als Kassette im ALPHA-INSTITUT WIRTSCHAFT UND WORT AG, Baldismoosstraße 44, CH-6043 Adligenswil.

tungsvolle Aussage eines Naturwissenschaftlers. Damit werden die geisteswissenschaftlichen Erkenntnisse der großen Philosophen, Weisen und Eingeweihten aller Kultur-Epochen voll bestätigt. Da das Bewußtsein immaterieller Natur ist, ist es somit unabhängig von Raum und Zeit. Da rein geistig, ist das Bewußtsein in der Lage, alles – bis zum kleinsten Partikelchen und darüber hinaus – zu durchdringen, die ganze Schöpfung zu erfassen – und selbst im Sinne der Schöpfung schöpferisch tätig zu sein. Dies ist als eine Aufgabe anzusehen, die die Menschheit auf diesem Planeten (und auch noch später) zu verrichten hat. In der Ruhe des Gemüts hat das Bewußtsein eine gute Chance, sich über Gewohntes hinauszuversetzen, sich zu erweitern. Darum ist der ALPHA-Zustand (siehe FRIEBE-ALPHA-TRAINING) eine gute Grundlage, um Ihr Bewußtsein zu trainieren, so daß es sich vom Gewohnten lösen, sich daher ausdehnen kann, um sich mit neuen Ideen und Begriffen zu füllen, die das persönliche und auch berufliche Leben bereichern.

Es hat immer geistige Größen gegeben, die sich mit ihrem Bewußtsein in verschiedene geistige Dimensionen versetzen konnten. Was sie dort erlebten, wurde teils in der Tarnung von Symbolen wiedergegeben, die wiederum nur von ihren auserlesenen Schülern zu entziffern waren, teils wurden die Erlebnisse von Mund zu Ohr weitergereicht – und später wurden sie teils in der üblichen Sprache niedergeschrieben.

In dem Maße, wie uns heutigen Menschen wiederum – nicht zuletzt auch durch die Resultate der Naturwissenschaftler – die Tatsache bekannt wird, daß das Bewußtsein unabhängig vom Körper ist, werden wir die Äußerungen der Eingeweihten, Philosophen und Geheimforscher immer besser verstehen und können sogar durch ein Training des Bewußtseins allmählich zu eigenen – wenn auch vorerst kleineren – Resultaten kommen. Das FRIEBE-ALPHA-TRAINING leitet einen solchen Prozeß ein.

Alle wahren großen Philosophen der Antike und Neuzeit gleichen sich in ihren Aussagen. So ist zum Beispiel die Wiederverkörperung ein elementarer Begriff der Geisteswissenschaft. Da es im Geistigen die Zeit – wie wir sie kennen – nicht gibt, sollte man sich nicht unbedingt die feste Vorstellung von einer Aufeinanderfolge der Wiederverkörperungen bilden. Vom geistigen Standpunkt aus gesehen spielt sich alles zur gleichen Zeit ab. Dies ist vielleicht für viele schwer zu erfassen. Betrachten Sie sich die folgende kleine Skizze.

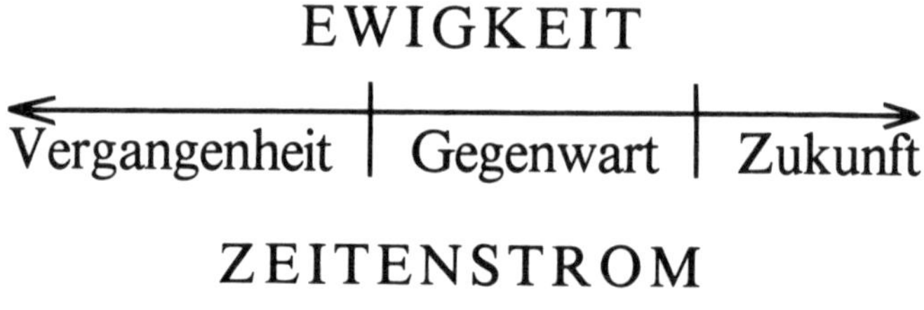

Durch unser enges Bewußtsein nehmen wir aus dem sogenannten Zeitenstrom nur einen Bruchteil wahr, den wir dann mit »Gegenwart« oder »Vergangenheit« oder »Zukunft« bezeichnen. Ein erweitertes Bewußtsein – wie zum Beispiel das der Eingeweihten und einiger Geheimforscher – kann den gesamten sogenannten Zeitenstrom über die Gegenwart hinaus (Vergangenheit und Zukunft erfassend, in der alle potentiellen Möglichkeiten und Wahrscheinlichkeiten existieren) wahrnehmen. Die Philosophen, Geheimforscher und Eingeweihten sprechen von der Ewigkeit. Wie die Hermetischen Eingeweihten erläutern, ist alles eine Schöpfung von DER ALLES. Alles ist Geist. Die äußere Form, die Tarnung, wird vergehen, um das Geistige wieder zu befreien, das nach Äonen zurückkehrt in DER ALLES. Es findet eine individuelle Bewußtseins-Entwicklung statt. Zu dieser geistigen Entwicklung erläutern die Hermetischen Eingeweihten, daß in dem Maße, in welchem der Mensch die Existenz des innewohnenden Geistes in seinem Sein erkennt, er auf der geistigen Stufenleiter des Lebens emporsteigt. Das ist es, was geistige Entwicklung bedeutet: die Wahrnehmung, das Erkennen, die Manifestation des Geistes, des ICH-BIN-ICH in uns. Die Hermetischen Eingeweihten erkennen viele Seins-Ebenen, viele Daseins-Stufen im Universum. Und alles kommt auf den Fortschritt auf der Stufenleiter des Seins an, auf der der niedrigste Punkt die gröbste Materie ist und der höchste nur durch eine ganz dünne Schicht von GEIST von DER ALLES getrennt ist. Aufwärts und vorwärts auf der Stufenleiter des Lebens ist alles in Bewegung. Alle sind auf dem WEG, dessen Ende DER ALLES ist. Der ganze Fortschritt ist ein »Heimwärtskommen«. Alles geht vorwärts und aufwärts, trotz der anscheinenden gegenteiligen Erscheinungen. Dies ist der Bericht der Erleuchteten.

Die Hermetiker lehren, daß während des Ausströmens der »Heiligen Energie« die Schwingungen niedriger und niedriger werden, bis schließlich der Antrieb und Drang aufhören und der Rückwärtsschwung beginnt. Doch ist folgende Unterscheidung zu machen: Während des Ausströmens der »Heiligen Energie« verdichten sich die kreativen Kräfte, sie werden kompakt, doch vom Beginn des Zurückfließens, da manifestiert sich das »GESETZ DER INDIVIDUALISIERUNG«, das heißt die Tendenz der Separierung in Kräfte-Einheiten ist gegeben, so daß schließlich das, was DER ALLES als unindividualisierte Energie verlassen hat, zu seiner Quelle zurückkehrt als unzählig höher entwickelte Lebens-Einheiten, die höher und höher gestiegen sind auf der Stufenleiter der PHYSISCHEN, SEELISCHEN UND GEISTIGEN ENTWICKLUNG.

Betrachten wir jetzt einmal diese geistige Entwicklung mit Hilfe der Ausführungen von Rudolf Steiner in seinem Buch »Ägyptische Mythen und Mysterien«. Diese hohen Aussagen sind nur möglich durch individualisierte Wesenheiten, die sich mit ihrem Bewußtseins-Zustand in andere geistige Dimensionen versetzen konnten und können, wobei man sich bewußt sein muß, daß alles Geistige, das in eine Wortform gepreßt wird, den geistigen Gehalt reduziert. Das geschriebene wie gesprochene Wort sind Tarnungen und Symbole. Geistige Erlebnisse hoher Eingeweihter, die sich mit ihrem Bewußtsein auf der Stufenleiter des Geistigen Lebens emporgearbeitet haben, sind so unvorstellbar für diejenigen, die sich mit ihrem Bewußtsein immer noch mit der Tarnung selbst auseinandersetzen oder von ihr gefangen sind, daß sie den Erlebnis-Schilderungen der Eingeweihten fassungslos gegenüberstehen würden; ihr Bewußtsein ist zu eng, es kann tatsächlich den hohen geistigen Gehalt kaum erfassen.

Wenn heute die Weisheit, die Erlebnisse und Erfahrungen Eingeweihter in uns vertrauten Wortformen geschildert werden, so ist jedes Wort genauso ein Symbol, eine Tarnung, wie es in früheren Zeiten andere Symbol-Formen und Tarnungen gab. Jeder, der Interesse hat, wird auf seine Weise geduldig die Fähigkeit in sich entwickeln müssen, auf seinem jeweiligen geistigen Weg sich in diese Symbole so einzufühlen, daß er allmählich in die rechte geistige Schwingung kommt, die seinem Bewußtsein die Dimension gibt, besser zu verstehen. So ist es zum Beispiel eine große Hilfe, wenn ein Lehrer beim Lehren geistiger Inhalte den Inhalt beim Vortragen in sich selbst seelisch so intensiv erlebt, daß sein

Bewußtsein dadurch in eine höhere Schwingung gerät; es ist dann, als wenn er von einer anderen Dimension aus spricht. Der Zuhörer fühlt dies unmittelbar. Dadurch kann auch seine Seele in andere Schwingungen geraten; sein Bewußtsein erhält Impulse zu Erweiterung – so ist die Möglichkeit gegeben, daß auch er Einblick in andere geistige Dimensionen erhält. Jeder wird immer so viel erhalten, wie er mit ehrlicher, vorbehaltloser Hingabe für möglich hält. Jedes »Fürmöglichhalten« ist ein geistiger Anstoß zur Bewußtseins-Erweiterung. So kann es manchmal auch passieren, wenn wir geistige Erlebnisse und Berichte hören oder lesen, daß sich wieder etwas in uns öffnet, das vor langer, langer Zeit verschüttet wurde. Wenn diese Öffnung geschieht, ist es, als wenn eine Sonne zu scheinen beginnt, als wenn man jetzt erst zu leben anfängt. Man ahnt, daß man sich bisher nur mit Tarnungen, mit Schattengebilden beschäftigt hat, die die Seele verdüsterten, daß man das Licht gar nicht wahrgenommen hatte. Anfänglich war noch die Sehnsucht nach dem Licht da, doch sie wurde bei vielen überdeckt durch die Flucht in die Abwechslung, die im Rausch, in pausenloser Arbeit oder in anderen Süchten gefunden wurde.

So ist es für Ihre Seele von unermeßlichem Wert, wenn Sie sich mit Berichten von ehrwürdigen großen Geistern beschäftigen. Versuchen Sie einmal an die nächsten Ausführungen mit einer solchen inneren geistigen Einstellung heranzugehen, die es Ihnen erlaubt, die Schilderungen für möglich zu halten – ohne sich allzusehr an das geschriebene Wort zu klammern, da es auch nur eine Tarnung, ein Symbol ist; ein modernes Symbol des 20. Jahrhunderts. Das Wort selbst vermittelt Ihnen noch keinen »Blick hinter die Kulissen«. Erst, wenn Sie versuchen, auch mitzufühlen, mitzuempfinden, so daß Ihre Seele beim Lesen in eine gewisse Stimmung und Schwingung gerät, dann kann Ihr Bewußtsein den Anstoß zur Erweiterung erhalten, so daß Sie einen Eindruck von der wunderbaren, erhabenen, hehren Größe der Geistigen Welt erhalten können. Da im Geistigen alles unvorstellbar, vielschichtig, durchdringend, multidimensional ist, können Worte die Multidimensionalität nicht wiedergeben. So stellt jede Schilderung nicht die Wahrheit selbst dar – sie ist nur ein Teil von ihr –, und jeder, der in geistige Bereiche vorzudringen mag, kann einen anderen Teil der Wahrheit erleben. Und er wird diesen Teil immer mit seinen Möglichkeiten schildern. Die Schilderung ist dann die Verpackung oder Tarnung. Im »Erfassen der Verpackung« reichen schon die körpergebundenen äußeren Sinne aus. Es ist, als wenn man ein Buch nur von seinem Umschlag her wahrnimmt, den Inhalt aber gar nicht kennt. Wie die Hermetischen Eingeweihten darlegen, geht es bei einer geistigen Entwicklung darum, die Manifestation des Geistes in allem wahrzunehmen, zu erkennen.

Versuchen Sie einmal, den Inhalt der folgenden geistigen Wortsymbole von Rudolf Steiner mitzuempfinden, soweit es Ihnen gelingt. Es mag eine Hilfe sein, wenn Sie die Schilderung wie ein großartiges geistiges Schauspiel betrachten, in dem auch Sie eine Rolle mitspielen. Versuchen Sie, die Rolle mit Ihrem Gefühl zu erfüllen. Der Vorhang geht auf:

»Die Seelen, die Menschen, die heute leben, waren nach dem Begriff der Wiederverkörperung schon oft da. Ist es nicht möglich, daß sie auch schon mal im alten Ägypten da waren, daß dieselben Seelen in uns sind, die damals aufgeschaut haben zu den gigantischen Pyramiden und den rätselhaften Sphinxen im alten Ägypten? Diese Frage ist zu bejahen. So sind es im Grunde dieselben Seelen, die damals gelebt haben, die durchschritten haben spätere Zeiträume und wieder erschienen sind in unserer Zeit. Kein Leben bleibt ohne Frucht.

Es bleibt dasjenige in der Seele vorhanden, was sie an Erlebnissen und Erfahrungen durchgemacht hat. Es erscheint in Form von Kräften, Temperamenten, in Fähigkeiten und Anlagen wieder in späteren Verkörperungen.

Es gibt bedeutsame Sammlungen von Weisheit, die bezeichnet werden als die Sammlungen des Veda. In den alten Veden sind die letzten Nachklänge von dem zu finden, was von einer sehr frühen indischen Kultur geblieben ist. Es war eine Kultur einziger Art, von der wir uns heute nur eine schwache Vorstellung machen können, diese uralte, heilige indische Kultur. Vor dieser uralt-indischen Kultur existierte das sogenannte Atlantische Zeitalter. Wir kommen später darauf zurück.

Auf diese uralt-indische Kultur mit ihren heiligen Rishis als geistige Lehrer der damaligen Menschen folgte die zweite Kultur-Epoche der nachatlantischen Zeit; es ist die persische. Lange dauerte die indische Kultur, lange dauerte die persische, die einen Abschluß in Zarathustra, dem Großen Weisen, fand.

Dann folgt die dritte nachatlantische Kultur-Epoche, die wir zusammenfassen können mit den vier Namen: chaldäisch-ägyptisch-assyrisch-babylonische Kultur. Auf der einen Seite hatte sie ihren Höhepunkt in der wunderbaren chaldäischen Sternenweisheit – und auf der anderen Seite in der ägyptischen Kultur.

Dann kommt das vierte Zeitalter – die griechisch-lateinische Kultur. Auch das Römertum gehört dazu. Es ist eine Epoche, die anfängt etwa im 8. Jahrhundert (747 vor Christus) und die dauert bis zum 14. und 15. Jahrhundert – 1413 nach Christi Geburt.

Von da ab haben wir den fünften Zeitraum, in dem wir uns jetzt befinden, – und dieser wird abgelöst von einem sechsten und siebenten Zeitraum.« Immer wieder stoßen Sie auf die magische Zahl SIEBEN, auf den Siebener-Rhythmus, der sich durch die ganze Entwicklung zieht.

Die Eingeweihten und Okkultisten hatten und haben einen anderen Zugang zu den äußeren Geschehnissen auf dem irdischen Planeten als diejenigen, welche sich mit ihren an äußeren Abläufen und Vorgängen geschulten Sinnen nur auf das Äußere, das Alltägliche, auf historische Ereignisse konzentrieren.

Die Eingeweihten und Okkultisten haben durch ihre Geistestätigkeit weitere (über die fünf Sinne hinausgehende) Sinnesorgane geschult, die zu einem erweiterten Bewußtsein führen, so daß sie Abläufe und Ursachen wahrnehmen können, die dem an Alltäglichem, Herkömmlichem, Gewohntem, Äußerem orientierten Menschen unzugänglich und daher schwer erfaßbar sind.

Jede Zeit- und Kultur-Epoche ist nach den Aussagen der Okkultisten betreut von einem entsprechenden Zeitgeist. Die Tätigkeit dieses Zeitgeistes kann das Bewußtsein mancher Okkultisten erfassen.

Skizze Nr. 1

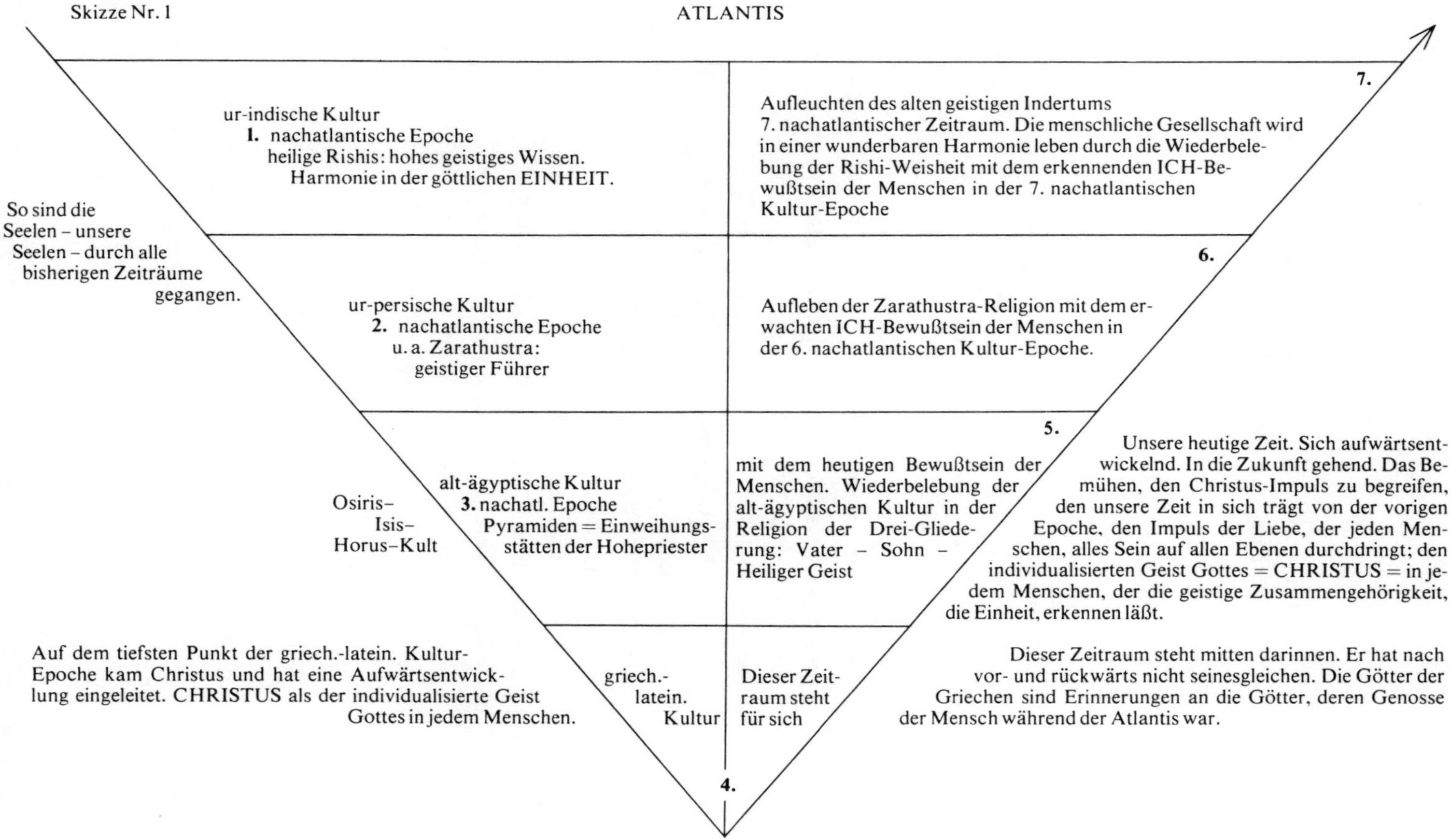
ATLANTIS
ur-indische Kultur
1. nachatlantische Epoche
heilige Rishis: hohes geistiges Wissen.
Harmonie in der göttlichen EINHEIT.
Aufleuchten des alten geistigen Indertums
7. nachatlantischer Zeitraum. Die menschliche Gesellschaft wird in einer wunderbaren Harmonie leben durch die Wiederbelebung der Rishi-Weisheit mit dem erkennenden ICH-Bewußtsein der Menschen in der 7. nachatlantischen Kultur-Epoche
7.
So sind die Seelen – unsere Seelen – durch alle bisherigen Zeiträume gegangen.
ur-persische Kultur
2. nachatlantische Epoche
u. a. Zarathustra:
geistiger Führer
6.
Aufleben der Zarathustra-Religion mit dem erwachten ICH-Bewußtsein der Menschen in der 6. nachatlantischen Kultur-Epoche.
5.
Osiris–
Isis–
Horus–Kult
alt-ägyptische Kultur
3. nachatl. Epoche
Pyramiden = Einweihungsstätten der Hohepriester
mit dem heutigen Bewußtsein der Menschen. Wiederbelebung der alt-ägyptischen Kultur in der Religion der Drei-Gliederung: Vater – Sohn – Heiliger Geist
Unsere heutige Zeit. Sich aufwärtsentwickelnd. In die Zukunft gehend. Das Bemühen, den Christus-Impuls zu begreifen, den unsere Zeit in sich trägt von der vorigen Epoche, den Impuls der Liebe, der jeden Menschen, alles Sein auf allen Ebenen durchdringt; den individualisierten Geist Gottes = CHRISTUS = in jedem Menschen, der die geistige Zusammengehörigkeit, die Einheit, erkennen läßt.
Auf dem tiefsten Punkt der griech.-latein. Kultur-Epoche kam Christus und hat eine Aufwärtsentwicklung eingeleitet. CHRISTUS als der individualisierte Geist Gottes in jedem Menschen.
griech.-
latein.
Kultur
Dieser Zeitraum steht für sich
Dieser Zeitraum steht mitten darinnen. Er hat nach vor- und rückwärts nicht seinesgleichen. Die Götter der Griechen sind Erinnerungen an die Götter, deren Genosse der Mensch während der Atlantis war.
4.

Ur-indische Kultur 1. Nachatlantische Epoche	Widerspiegelung im 7. nachatlantischen Zeitraum

»Im ersten ur-indischen Zeitraum wurde eine Religion entwickelt, die wie eine innere Wiederholung in Vorstellungen und Gefühlen des allerersten Zeitraumes war, wo Sonne und Mond noch mit der Erde verbunden waren, wo jene erhabenen Wesen der Sonne noch auf der Erde wohnten. Und den Geist, der sich mit allen Engeln (Angloi), Erzengeln (Archangloi), mit allen Geistern, hohen Göttern und Wesenheiten verband, in dem ersten Zustand der Erde – dem Urnebel – diesen hohen Geist faßte das indische Bewußtsein zusammen unter einer hohen Individualität. Sie gaben ihr den Namen Brahma.

So ist die erste nachatlantische Kultur-Epcohe – die ur-indische – eine Wiederholung des ersten Erdzustandes, wo Erde noch + Sonne + Mond war. Eine Wiederholung im geistigen Erleben.

Der 7. nachatlantische Zeitraum wird eine geistige Wiederbelebung der Weisheit der alten heiligen Rishis sein, die mit ihrem Bewußtsein ein hohes geistiges Wesen erfassen konnten, dem sie den Namen Brahma gaben. Im 7. nachatlantischen Zeitraum wird die unendliche Größe und Harmonie wiedererlebt, die war, als die Erde noch mit Sonne und Mond verbunden war: eine harmonische Einheit.

Ur-persische Kultur 2. Nachatlantische Epoche	Widerspiegelung im 6. nachatlantischen Zeitraum

In der zweiten nachatlantischen Epoche – in der ur-persischen Kultur-Periode – finden wir das Prinzip des Lichtes und der Finsternis. Das ist das Religions-Bewußtsein der ur-persischen Periode. Da stellen die großen Eingeweihten zwei Wesenheiten einander gegenüber: die eine, die sie in der Sonne personifiziert sahen: Ormuzd ist das Wesen, das die Perser als höchsten Gott verehrten. Jede Epoche findet ihren Namen für ein und dieselbe Wesenheit. Ahriman ist der böse Geist, der Repräsentant aller der Wesen, die die Erde + Mond besaß. Eine Erinnerung an die zweite Erd-Epoche, wo Erde + Mond verbunden waren, ist die Religion der Perser. Es ist also eine Religion der Zweiheit:

Gut – Böse: Ormuzd – Ahriman.

Alt-ägyptische Kultur 3. Nachatlantische Epoche	Widerspiegelung im 5. Nachatlantischen Zeitraum, also unserer heutigen Zeit

In der dritten Epoche der Erdentwicklung trennte sich die Erde auch vom Mond. Der Mensch bleibt auf der Erde zurück. Die herausgetretenen Kräfte der Sonne und des Mondes wirken jetzt auf die Erde ein. So sind wir über die Einheit in der ersten Epoche (in der Urzeit, wo Erde + Sonne + Mond miteinander verbunden waren)

zur Zweiheit in der zweiten Epoche (Erde + Mond)

zur Dreiheit in der dritten Epoche (Erde für sich, Sonne für sich, Mond für sich) gekommen.

Die Kräfte der Sonne und des Mondes stellten sich dem Menschen wie Vater und Mutter dar. Der Mensch empfand: Ich bin ein Sohn der Sonne und ein Sohn des Mondes.

In der religiösen Anschauung der Ägypter, Chaldäer, Assyrer, Babylonier finden wir die Dreiheit – wie sie in der dritten Erd-Epoche da war nach der Trennung von Sonne und Mond von der Erde. Die Dreiheit tritt in allen Religions-Anschauungen des dritten Zeitraumes auf. Im alten Ägyptertum wird sie vertreten durch OSIRIS, ISIS und HORUS.«

Die altägyptische Zeit spiegelt sich in unserer heutigen Zeit wider mit der Religionsanschauung der Dreiheit: Vater-Sohn-Heiliger Geist (auch in den Symbolen, die später erläutert werden: Joseph, Maria, Christus).

Sehen Sie sich jetzt bitte noch einmal die Skizze an, aus der zu erkennen ist, daß unsere heutige Zeit eine Widerspiegelung der alt-ägyptischen Zeit ist. Und denken wir daran, daß unsere Seelen in ägyptischen Körpern waren (siehe Seite 119).

»Sie wissen, wie der Ägypter seine Toten behandelte. Er mumifizierte sie. Er legte Wert darauf, daß die äußere physische Form konserviert – lange konserviert – wurde. Sie gaben dem Verstorbenen Besitztümer mit ins Grab. So sollte das, was der Mensch im Physischen gehabt hat, erhalten bleiben. So verband der Ägypter seine Toten mit dem physischen Plan. Auch das zeichnet die alt-ägyptische Kultur aus. Und dies ist nicht ohne Folgen für die Seelen geblieben.«

Im FRIEBE-ALPHA-TRAINING wird behandelt, daß dann, wenn der Mensch im Schlaf und später im Tode seinen Körper verläßt, er keineswegs ohne Bewußtsein ist. Das Bewußtsein ist in der Geistigen Welt. Er kann – nach dem Tode – mit seinem Bewußtsein sozusagen hinunterschauen auf die physische Erde.

»Dadurch, daß im alten Ägypten eine lange Zeit die Körper konserviert geblieben sind, haben die Seelen nach dem Tode herabgeschaut auf diesen physischen Leib. Der Eindruck, den der mumifizierte Leib auf sie gemacht hat, prägte sich der Seele tief ein. Nun ging die Seele durch Verkörperungen in der griechisch-lateinischen Kultur hindurch – und sie lebt heute in unserer Zeit in uns.

Es ist nicht wirkungslos geblieben, daß diese Seelen nach dem Tode ihren mumifizierten Körper gesehen haben, daß sie dadurch immer wieder hingelenkt wurden auf diesen Körper.

Sie haben ihn in ihre Sympathie aufgenommen – damals in der alten ägyptischen Zeit –. Die Frucht dieses Herunterblickens tritt heute auf – im fünften Zeitraum

– in der Neigung, die heute die Seelen haben, nämlich großen Wert auf das äußere Leben zu legen. Das Hängen an der Materie kommt davon, daß die Seelen damals aus der geistigen Welt ihre eigene Verkörperung anschauen konnten. Dadurch hat der Mensch die physische Welt lieben gelernt. Was heute ist, was notwendig ist für die menschliche Entwicklung, das ist Tausende von Jahren vorher vorbereitet worden. Es soll keine Kritik an der Mumienkultur gegeben werden, sondern es soll gerade herausgestellt werden, daß die Menschen in ihrer Weiterentwicklung gar nicht ohne das Hinschauen auf Mumien ausgekommen wären.

Der Mensch hätte heute alles Interesse an der physischen Welt verloren, hätten die Ägypter nicht den Mumienkult gehabt. Es mußte so kommen, um ein berechtigtes Interesse an der physischen Welt zu erwecken, das über viele Kultur-Epochen hinweg die Menschen nicht hatten, da sie in inniger Verbundenheit mit der Geistigen Welt lebten.

Die alt-ägyptische Kultur-Strömung stand unter dem Einfluß von hohen Eingeweihten, die vorausschauen konnten. Man hat nicht aus irgendeinem Einfall heraus Mumien gemacht. In den damaligen Eingeweihtenschulen hat man gewußt, daß unser Zeitraum mit dem dritten (alt-ägyptischen) zusammenhängt. Diese geheimnisvollen Zusammenhänge standen damals den Priestern vor Augen. So wird die Welt durch Weisheit geleitet.«

Menschen, die über höchste geistige Erkenntnisse

verfügen und dieses Wissen auch »leben« – und zugleich hellseherische Fähigkeiten haben –, diese Menschen nennt man Okkultisten (die das Verborgene sehen und erleben). Ein »normaler« hellseherisch begabter Mensch, der kein hohes geistiges Wissen hat und dieses lebt, kann kaum hilfreiche, bildende Aussagen machen. Es sind die Okkultisten, die Eingeweihten, die wissend sind. Vor ihrem Bewußtsein sind die Kultur-Epochen und ihre geistigen Strömungen und Hintergründe ausgebreitet – ihr Bewußtsein erreicht die verschiedenen Bewußtseins-Dimensionen.

Wenn wir die verschiedenen Kultur-Epochen verstehen wollen, müssen wir uns einen Überblick über das Werden der Erde überhaupt verschaffen. Über das »Werden der Erde« vom philosophisch-geisteswissenschaftlichen Gesichtspunkt aus gesehen.

»Wenn der Okkultist, der Eingeweihte, seinen Blick in die urferne Vergangenheit richtet, dann nimmt er eine andere Erde wahr, als sie es heute ist. Sie hatte nicht den festen mineralischen Grund, auch trug sie nicht solche Pflanzen und Tiere wie heute. Der Mensch war nicht in einem fleischlichen Körper, er hatte auch noch kein Knochensystem. Das hat sich erst später gebildet. Die Erde war eine weitreichende Nebelmasse, worin nicht allein das war, woraus sich unsere Erde gebildet hat, sondern es waren alle Planeten – auch die Sonne selbst – darin. Diese weitreichende Nebelmasse setzte sich aus feinen ätherischen Punkten zusammen. Es war also noch keine materielle Erde.«

Es ist dies die philosophisch-geisteswissenschaftliche Schilderung der Entstehung der Erde – so wie sie sich vor dem hellseherischen Auge ausbreitet. »Schaute man damals hellseherisch das Atom an, so wuchs heraus das Urbild des heutigen Menschen.« Alles ist vorher bereits geistig vorhanden, bevor es sich materialisiert. Das ist ein geistiges Gesetz. Alles entsteht aus dem Geist. »In der urfernen Vergangenheit also waren mit unserer Erde alle Planeten verbunden. Unsere Sonne, unser Mond und unsere Erde waren damals nicht allein, sie waren beisammen. In ihrem Ur-Zustand also war die Erde: Sonne + Erde + Mond. Natürlich konnte da der Mensch nur in einem geistigen Zustand leben. Später trennte sich die Sonne von Erde + Mond. Und noch später trennte sich auch der Mond von der Erde.«

Alles, was geschieht, hat natürlich einen tiefen Sinn, wie der große HERMES TRISMEGISTOS uns in seinem sechsten Gesetz von URSACHE UND WIRKUNG erläutert hat.

»Damals lebten auf der Erde nicht nur Menschen, es waren mit ihnen auch Wesen geistiger Art verbunden, die zwar nicht mit physischen Augen wahrnehmbar waren, die aber doch vorhanden waren, so wahr vorhanden wie die Menschen und andere physische Wesen.

So sind zum Beispiel mit unserer Welt Wesen verbunden – sie leben im Umkreis der Erde –, die die christliche Esoterik Engel oder Angeloi nennt. Diese Wesenheiten können wir uns am besten vorstellen, wenn wir bedenken, daß ein solches Wesen auf der Stufe steht, auf welcher der Mensch sein wird, wenn die Erde ihre Entwicklung beendet haben wird. Heute sind diese Angeloi-Wesen schon so weit, wie der Mensch sein wird am Ziel seiner Erdenentwicklung.

Eine noch höhere Stufe nehmen die Erzengel (Archangeloi) ein, Wesenheiten, welche mit den Angelegenheiten ganzer Völker in Verbindung stehen. Diese Volks-Angelegenheiten werden von Wesenheiten gelenkt, die man Archangeloi nennt.

Eine noch höhere Art von Wesenheiten nennt man die Urbeginne oder Archai oder die Geister der Persönlichkeit. Wir finden diese, wenn wir den Blick schweifen lassen über ganze Zeiten und viele Völker. Man nennt diese Wesenheiten auch den Zeitgeist. Wenn wir zum Beispiel unsere Zeit betrachten, so wird diese geleitet von höheren Wesenheiten, die man Archai nennt.

Dann gibt es noch höhere Wesenheiten, die man in der christlichen Esoterik Exusiai oder Geister der Form nennt.

So sind also mit unserer Erde unzählige Wesenheiten verbunden, die sich sozusagen wie in einer Art von Stufenleiter dem Menschen angliedern.« Die Hermetischen Eingeweihten, sprechen von der Stufenleiter der Physischen, Seelischen und Geistigen Entwicklung.

»Wenn wir bei dem Mineral anfangen und aufsteigen

vom Mineral zur Pflanze
von der Pflanze zum Tier
und dann zum Menschen,

so ist der Mensch das höchste Physische Wesen. Die anderen (Seite 127 genannten) geistigen Wesenheiten sind aber ebenso da – sie sind zwischen uns – sie durchdringen uns« (wie Äther), so wie wir mit unserem Geist Tier, Pflanze und Mineral durchdringen und mit der Qualität unseres Geistes, der ja stets schöpferisch tätig ist, gestaltend und verändernd in diesen Bereichen wirken. Wer dies ernsthaft durchdenkt, fühlt die große Verantwortung, die wir den Naturreichen gegenüber haben.

»Im Beginne unserer Erdenentwicklung, als die Erde wie ein Urnebel auftaucht aus dem Schoß der Ewigkeit, da sind alle solchen Wesen verbunden mit der Erde. Es sind die genannten Wesen und Wesen noch höherer Art, wie die

1. Angeloi
2. Archangeloi
3. Archai
4. Exusiai
5. Throne

6. Cherubim
7. Seraphim

Das sind alles Wesen, die innig verbunden waren mit dem Urzustand der Erde, als die Erde noch mit Sonne + Mond zusammen war. Es gibt solche Wesen, welche eine Erhabenheit haben, von der sich der Mensch überhaupt keine Vorstellung machen kann. Sein Bewußtsein reicht nicht im entferntesten zu dieser Stufe. Doch gibt es auch Wesen, die dem Menschen näher stehen.«

Es gibt Menschen, die eine so großartige Entwicklung durchmachen, daß sie sich bis zur Stufe der Wesenheiten oder Energieformen erheben können, die als geistige Wesen oder Energien dem Menschen näherstehen, nämlich Angeloi. Das Erreichen dieser Stufe ist mit einem unaussprechlichen Gefühl der Harmonie und Seligkeit verbunden, so daß manche meinen und dies auch sagen und schreiben, sie könnten sich mit Gott verbinden. Dies zeugt natürlich von einer Unwissenheit. Denn wenige Menschen können sich gar bis zur Stufe der Archangeloi erheben oder darüber.

Nur wer geistiges Wissen aufnimmt und vor allem dieses Wissen lebt, entwickelt graduell sein Bewußtsein und damit auch die Ehrfurcht vor der Erhabenheit und Größe der Geistigen Welt und ihrer Energien und Wesenheiten, damit auch die Bescheidenheit zu wissen, daß noch viele Stufen vor ihm liegen und sein Wissen immer begrenzt sein wird.

Stellen wir uns noch einmal die Erde in ihrem geistigen Ur-Zustand vor, wo »Sonne + Mond« mit ihr verbunden war. »Alle hohen, erhabenen geistigen Wesenheiten konzentrierten sich in der Sonne. Sie nahmen aus der Äther-Erde, aus diesem Ur-Nebel, die feinsten Substanzen heraus und bildeten sich in der Sonne ihren Wohnsitz. Hier fanden sie das rechte Tempo für ihre Entwicklung. Wären sie in den geringeren Substanzen geblieben, die sie in der Erde zurückgelassen haben, dann hätten sie ihre Entwicklung nicht fortsetzen können. Das wäre eine Hemmung gewesen.

Wir sehen daraus, wie das, was materiell geschieht, wie die Spaltung der Weltsubstanzen, nicht bloß aus physikalischer Ursache geschieht, sondern durch die Kräfte der geistigen Wesenheiten. Das müssen wir betonen, daß geistige Ursachen zugrunde liegen *allem Geschehen.«* DER ALLES HAT ALLES GESCHAFFEN DURCH SEINEN GEIST, VON SEINEM GEIST, MIT SEINEM GEIST; ALLES IST GEISTIG. Das Unsichtbare ist die wahre Wirklichkeit, denn aus dem Unsichtbaren ist alles Sichtbare entstanden. Das Sichtbare ist die Wirkung, das Unsichtbare, das Geistige, ist die Ursache. So können die Eingeweihten, die großen Philosophen, die Geistesforscher das Unsichtbare, die Ursache, das Geistige, die wahre Wirklichkeit erkennen. Sie erleben das Sinnvolle, das sie mit einer tiefen inneren Freude erfüllt. Der materialistische Naturwissenschaftler beschäftigt sich mit dem Sichtbaren, der Tarnung. Daher kann er nie das Sinnvolle entdecken. Die Tarnung vermittelt ihm das Sinnlose, so daß seine Seele leer ausgeht.

»Nachdem die Sonne und mit ihr die hohen Geistigen Wesenheiten sich von der ›Erde + Mond‹ gelöst hatten, blieb auf der ›Erde + Mond‹ der Mensch. Und mit ihm höhere Wesen der untersten Hierarchie wie Angeloi und Archangeloi. Und auch Wesenheiten, die tiefer standen als er selbst. Nur eine einzige mächtige Wesenheit, die eigentlich schon reif war, mit auf den Schauplatz der Sonne zu wandern, hat sich geopfert und ist mitgegangen ›mit Erde + Mond‹. Es ist die Wesenheit, die später ›Jahve‹ und ›Jehova‹ genannt wurde. Er hat die Sonne verlassen und regelte die Angelegenheiten auf der ›Erde + Mond‹. Die edelsten, erhabensten Geister sind also mit der Sonne herausgegangen. Eine besonders hohe, erhabene Wesenheit, die wir uns als den Regenten der Sonne vorstellen können, bezeichneten die Gnostiker mit dem Namen ›Pleroma‹.

Vor allen Dingen die Sonne mit ihren Bewohnern muß man empfinden als das Hehrste, Reinste, Erhabenste, was mit der Erde früher in Verbindung war. Als die Sonne sich mit allen hehren, erhabenen Wesen von der ›Erde + Mond‹ getrennt hatte – war ein schlimmer Zustand für die Erde eingetreten. Alle groben, niederen Substanzen des Mondes wirkten auf die Erde ein. Der heutige Zustand der Erde ist weitaus höher als der damalige. Der Mensch hätte sich damals nicht weiterentwickeln können. Die Erde mußte den Mond hinauswerfen. Erst dadurch konnte der Mensch weiterkommen, daß er die schlimmen Daseinsbedingungen mit dem Monde heraussetzte.« Dies alles war eine geplante, notwendige Entwicklung: In der ganzen geistigen Entwicklung ist System, das man erkennt, wenn man philosophische Geisteswissenschaft studiert. Es ist eine höhere Absicht in allem zu erkennen.

»Wäre die Sonne in der Erde geblieben, hätte der Mensch niemals das richtige Tempo und die Mittel zu seiner Entwicklung finden können. Mit der Sonne in der Erde wäre alles zu schnell gegangen – aber viel zu langsam wäre alles gegangen mit den Kräften, die jetzt auf dem Monde wirken.

Als der Mond sich unter mächtigen Katastrophen herauszog aus der Erde, da bereitete sich nach und nach das vor, was man nennen könnte die Trennung einer ›Lufthülle‹ und des ›Wasserelementes‹. Die Luft war damals ganz und gar nicht die Luft von heute, sondern alle möglichen Dämpfe waren noch darinnen enthalten. Aber dasjenige Wesen, was sich damals allmählich vorbereitete, war erst eine ›gewisse Anlage‹ zum ›heutigen‹ Menschen. So haben wir den Menschen in drei Verhältnissen kennengelernt:

1. im Verhältnis, wo er zusammenlebte mit ›Erde + Sonne + Mond‹ und allen höheren Wesen in *einem Weltenkörper*,

2. können wir ihn unter ungünstigen Verhältnissen kennenlernen auf der ›Erde + Mond‹. Wäre er in diesem Verhältnis geblieben, so wäre er ein bösartiges, ein furchtbar wildes Wesen geworden.
und
3. nachdem sich bereits die Sonne von der Erde getrennt hatte, trennte sich nun auch der Mond und mit ihm die gröbsten Substanzen von der Erde. So haben wir jetzt eine Dreigliederung:

›Sonne für sich
Mond für sich
Erde für sich.‹

Der Mensch bleibt auf der Erde zurück. Aber er hatte die Erinnerung an den ersten Zeitraum, als er noch mit den Sonnenwesen vereint war. Der Mensch hatte die Sehnsucht kennengelernt. Als Erlösung empfand er es, als sich der Mond mit den niederen Kräften von der Erde löste. Sehnsucht blieb ihm nach den erhabenen, hohen Sonnenwesen.

So entwickelte sich unser Erdenkörper von der
Einheit: (Erde + Sonne + Mond)
zur *Zweiheit:* (Erde + Mond)
bis zur *Dreiheit:* (Sonne für sich; Erde für sich; Mond für sich).

Die Zeit, wo der Mond sich herausspaltete, wo der Mensch erst die Möglichkeit erhielt, sich zu entwickeln, diese Zeit bezeichnet man ›in der Geisteswissenschaft‹ als das Lemurische Zeitalter.

Nachdem gewaltige Feuerkatastrophen die Lemurische Zeit abgeschlossen hatten – da trat allmählich ein Zustand unserer Erde ein, der die Verhältnisse in der ›alten‹ Atlantis herbeiführte. Die ersten Anfänge von Land ragten aus den Wassermassen empor. Erst in der Mitte der atlantischen Zeit ist der Mensch so weit, daß er einigermaßen unserer heutigen Gestalt ähnlich ist.

In der Atlantis hatte der Mensch ein ›hellseherisches‹ Bewußtsein. Wollen wir den damaligen Menschen verstehen, so müssen wir uns dieses damalige Hellseher-Bewußtsein vor Augen führen. Heute nimmt der Mensch vom Morgen bis zum Abend die Welt sinnlich wahr. Er nimmt durch seine Sinnestätigkeit fortwährend Gesichts- und Gehörseindrücke auf. Mit dem Einbruch der Nacht jedoch sinkt diese sinnliche Welt in ein Meer von Bewußtlosigkeit für den Menschen unter. Wir wollen uns klarmachen, daß heute der Mensch ein ›doppeltes‹ Bewußtsein hat: ein helles Tages-Bewußtsein und ein Schlaf- oder Traum-Bewußtsein. So war es nicht in den ersten Zeiten der Atlantis. Wenn Sie sich vorstellen, Sie gehen durch einen dichten Nebel und sehen abends die Laternen umgeben wie von einer Lichtaura, so haben wir eine ungefähre Vorstellung von dem Gegenstands-Bewußtsein der Atlantier. Alles war für den damaligen Menschen umgeben von einem solchen Nebel. Das war damals der Tagesanblick.

Der Nachtanblick war aber auch ein anderer als heute. Wenn wir des Nachts schlafen, sind wir bewußtlos. Der Atlantier hingegen versank nicht in Bewußtlosigkeit – sondern er befand sich in einer Welt göttlich-geistiger Wesen, von ›ICH-Wesen‹, die er um sich herum wahrnahm als seine ›Genossen‹. So ›wahr‹ der Mensch heute während der Nacht diese Wesen *nicht* sieht, so ›wahr‹ ist er in jener Zeit in ein Meer von Geistigkeit untergetaucht, indem er *in der Tat* die göttlichen Wesen *wahrnahm*. So lebte der Mensch damals in einem Geistes-Bewußtsein – wenn auch noch mit einem dämmerhaften Bewußtsein. Er lebte unter diesen göttlich-geistigen Wesenheiten. Wir versinken also in ein Meer von Bewußtlosigkeit, wenn wir schlafen. Der damalige Mensch kannte diese Bewußtlosigkeit nicht. Daher kannte er auch kein Sterben. Er verweilte einfach zu einem bestimmten Zeitpunkt in einer ihm vertrauten Welt. Aber der Mensch hatte damals noch kein ›Selbst-Bewußtsein‹. Er empfand sich noch nicht als ›Ich-Bin-Wesen‹. Nach dem Untergang der atlantischen Zeit verlor der Mensch sein nächtliches Bewußtsein. Nächtliches Dunkel breitete sich um ihn aus. Dafür trat eine *Aufhellung des Tages-Bewußtseins* ein und *die Entwicklung des* ICH. Man erlebte die Götter nicht mehr – wie in der Atlantis mit dem hellseherischen Bewußtsein in der Nacht –, man erinnerte sich nur noch. Und aus den Erinnerungen heraus entstanden die ersten Religionen.

Es sind dieselben Seelen, die damals in der Atlantis

lebten, die durch alle bisherigen Kultur-Epochen gegangen sind. In diesen Seelen leben die Erinnerungen und Sehnsüchte. Und so sind die fünf Kultur-Epochen der nachtatlantischen Zeit in ihren Weltanschauungen, in ihren Religionen, nichts anderes als die ›Erinnerungen‹ an die alten Epochen der Erde.«

Je mehr der Mensch sich dem tiefsten Punkt der irdischen Entwicklung nähert, desto heller und umfassender wird sein *Tages*-Bewußtsein – und desto mehr verliert er das alte hellseherische Bewußtsein. Tiefer und tiefer steigt er durch das Tages-Bewußtsein in die Materie hinein. Das Tages-Bewußtsein vermittelt ihm immer schärfer konturiert die äußere Welt. Auch empfindet er sich immer physischer und entwickelt damit ein Selbst-Bewußtsein – ein »ICH-Bewußtsein«, das in den alten Zeiten nicht vorhanden war – als er sich als Geistwesen unter göttlichen Geistwesen empfand, aber ohne Bewußtsein »seiner Selbst«. (Bitte betrachten Sie sich jetzt einmal Skizze Nr. II nach den Angaben von Rudolf Steiner.) Lesen Sie bitte vorher die

Erläuterungen zu der Skizze:

Die Begriffe EGO und ICH werden von HERMES TRISMEGISTOS von einer anderen Realitäts-Perspektive aus betrachtet als dies Rudolf Steiner in seiner nachfolgenden Skizze aufzeigt. HERMES TRISMEGISTOS bezeichnet EGO und ICH als geistige Zwillinge: EGO als das aufnehmende, empfangende weibliche Prinzip, das Ideen gebiert; ICH, das männliche Prinzip, das den Willensimpuls zur Erzeugung geistiger Ideen in das EGO eingibt. Der Wille des ICHS ist ein hoher Wille, der aus dem WOLLEN resultiert. Ein Wollen, das die innere Freiheit, das Losgelöstsein von allen Bindungen darstellt. Der geistige VATER-WILLE, der das Weibliche, die MARIA, befruchtet zur Geburt des Sohnes, der Idee, des LOGOS. Dies sind Urbilder und zugleich Leitbilder in der Seele.

RUDOLF STEINER zeigt in seiner Skizze II auf, wie der Mensch begonnen hat, überhaupt ein »Selbst«-Bewußtsein zu entwickeln, nachdem er durch lange Zeiten hindurch verwoben war mit der geistigen Welt *ohne* irgendein Ich-Bewußtsein. Die Anfänge dieses Ich-Bewußtseins zeigen sich im Loslösen von der geistigen Welt, im allmählich beginnenden Zuwenden zum physischen Planeten und zur eigenen Verkörperung. Ein Ego-Bewußtsein – in diesem Fall ein immer stärker werdendes körper-orientiertes Bewußtsein mit einer egozentrischen »habenwollenden« Einstellung – entsteht, das den Impuls zur Befreiung bzw. Überwindung vom zu tiefen Herabsinken in die Materie durch das Erscheinen des CHRISTUS in der vierten nachatlantischen Kultur-Epoche erhält. Das Bewußtsein des Menschen hat nun den Impuls zum Erkennen seines geistigen ICHS erhalten. Der Mensch hat dadurch die Fähigkeit erhalten zu erkennen, daß er ein individualisierter Teil des göttlichen Ganzen ist, ein ICH-BIN-ICH. Ein neuer Prozeß hat begonnen: Allmählich wird sich der Mensch mit seinem ICH-Bewußtsein immer mehr auf geistige Vorgänge ausrichten. Einerseits hat er nunmehr die Möglichkeit, sich aus einer beginnenden Erkenntnis heraus zu einer inneren Freiheit zu entwickeln, zum inneren Losgelöstsein von aller Gebundenheit an Äußeres; andererseits wird er, falls er an diesem Prozeß teilnimmt (das liegt in seiner Freiheit), das Äußere mehr bejahen, mehr Freude daran haben. Denn es bindet ihn nicht mehr, es hält ihn nicht mehr fest. Er fühlt die wachsende innere Freiheit und dadurch die Entfaltung der Seele und seines Bewußtseins, das ihm immer tiefere Einblicke in die geistige Welt (die uns ständig umgibt und durchdringt) vermittelt. Sein Bewußtsein wird wieder heller in bezug auf das Erkennen geistiger Welten. Nur jetzt ist dieses Bewußtsein durchdrungen vom ICH-BIN-ICH, das der Mensch früher nicht hatte.

Sie sehen auf der linken Hälfte der Skizze II also die allmähliche Entwicklung des EGO-Bewußtseins, das sich am stärksten in der 4. nachatlantischen, der griechisch-lateinischen Kultur-Epoche zeigt. Hätte der Mensch sich mit seinem EGO-Bewußtsein weiter nach unten entwickelt, so wäre er zu einem wilden, wüsten Wesen geworden. Was ist der Gegenpol der Egozentrik, die alles auf sich bezieht, haben will – auch zu Lasten anderer? Die bedingungslose Liebe, die versöhnend alles einbezieht und nur geben will.

Wer ist der Repräsentant dieser bedingungslosen Liebe? CHRISTUS. Der große Eingeweihte Jesus – wie er in der philosophischen Geisteswissenschaft dargestellt wird – hat bis zu seinem 30. Lebensjahr sein ganzes Wesen zu einem so reinen, lauteren Kanal entwickelt, daß der Geist Gottes, die Liebe Gottes, in diesen menschlichen Kanal oder besser Tempel, einziehen konnte. Dies geschah bei der Jordantaufe. Jesus kreuzigte sein EGO, damit ein neues Bewußtsein in ihm geboren werden konnte. CHRISTUS. Nicht um Namen geht es. Der Begriff Christus steht als Synonym für »göttliches Bewußtsein im Menschen«. Aus dem irdischen Menschen Jesus wurde der göttliche Mensch oder Gottes-Sohn – Christus. Ein neues göttliches ICH-Bewußtsein.

Wie die philosophische Geisteswissenschaft weiter ausführt, hat sich dieses Christus-Bewußtsein bei dem physischen Tode von Jesus mit der ganzen Erden-Aura verbunden.

In allen vorchristlichen Epochen erlebten die Menschen das Göttliche in Ekstase. Sie gingen aus sich heraus. Das Göttliche fanden sie außer sich. Wenn wir also heute die vorchristlichen Epochen in ihren religiösen Zeremonien kopieren, machen wir bewußtseinsmäßig einen Rückschritt.

Nach dem Christus-Ereignis können die Menschen das Göttliche in sich finden. Denn dadurch, daß einmal ein Mensch, Jesus, das Gottesbewußtsein in sich aufgenommen hat durch Kreuzigung des EGO, ist es potentiell von diesem Zeitpunkt an für den einzelnen möglich geworden, den gleichen Weg nachzuvollziehen: Die Reinheit der Gedanken, Worte, Gefühle und Taten läutert den Menschen in seiner Ganzheit, so daß das Gottesbewußtsein in ihn einziehen kann.

Ob wir uns nun zum Beispiel Moslems, Hinduisten, Buddhisten oder Christen nennen, nicht darauf kommt es an, sondern allein auf die Tatsache, welche Fähigkeiten wir in bezug auf die genannte Läuterung unseres Wesens entwickeln. Dies setzt klares Denken voraus, ein unbedingtes Wissen geistiger Zusammenhänge und selbstverständlich ein im täglichen Leben angewandtes Wissen. Eine solche Vorgehensweise war gar nicht in vorchristlichen Zeiten und auch nicht zur Christus-Zeit möglich, da die Mehrzahl der Menschen ungebildet war. Erst allmählich mit der griechisch-lateinischen Kultur-Epoche kam durch die griechischen Philosophen das klare Denken, und langsam entwickelte sich die materialistische Naturwissenschaft, die den Intellekt förderte. Erst jetzt finden wir den Beginn für eine allmähliche, jedoch stetig wachsende intellektuelle Bildung, die in der nachchristlichen Zeit behutsam an Wachstum gewann. Intellektuelle Bildung – damit ist vorwiegend die Fähigkeit zum klaren logischen Denken gemeint, das durch keine Grenzen, wie beispielsweise Vorurteile oder Lieblingsvorstellungen blockiert ist – also: intellektuelle Bildung scheint eine Voraussetzung zu sein, um nicht nur gefühlsmäßig intuitiv, sondern vor allem mit der Kraft der klaren Erkenntnis die unaussprechliche Größe dieses Christus-Bewußtseins auch nur annähernd zu erfassen.

So zieht erst jetzt langsam das Zeitalter herauf, wo immer mehr Menschen durch ihre klare Erkenntnisfähigkeit dieses gewaltige Ereignis besser begreifen können. So ist für unsere und für alle kommenden Epochen nicht mehr der Weg der Ekstase wie in vorchristlichen Zeiten, sondern der Weg der Verinnerlichung eine Möglichkeit, das Höchste in sich zu finden: den LOGOS, das WORT, das GÖTTLICHE BEWUSSTSEIN. Das neue ICH-Bewußtsein, wie es die zweite Hälfte der Skizze verdeutlicht.

Skizze Nr. 2

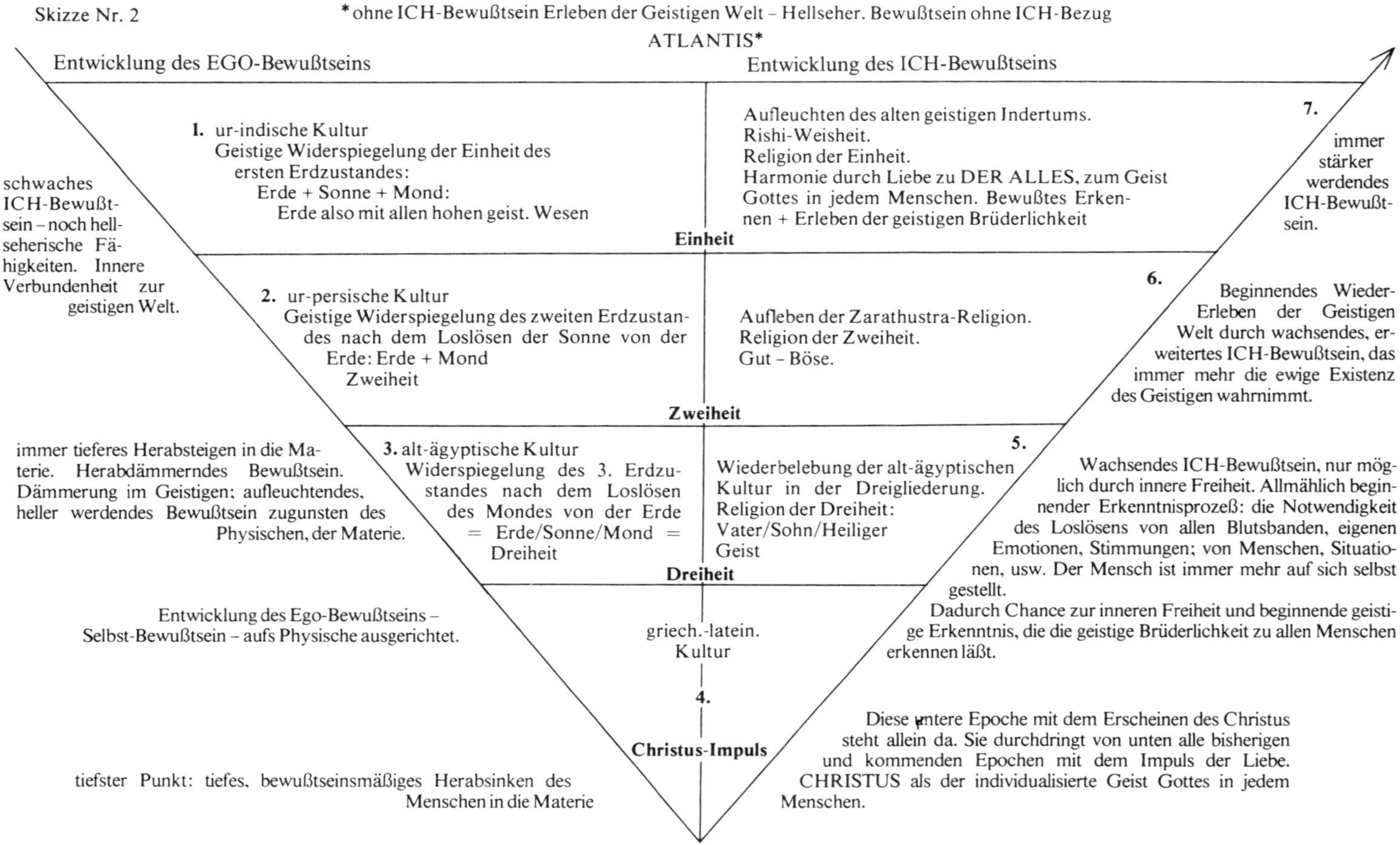

* ohne ICH-Bewußtsein Erleben der Geistigen Welt – Hellseher. Bewußtsein ohne ICH-Bezug
ATLANTIS*
Entwicklung des EGO-Bewußtseins
Entwicklung des ICH-Bewußtseins
1. ur-indische Kultur
Geistige Widerspiegelung der Einheit des ersten Erdzustandes:
Erde + Sonne + Mond:
Erde also mit allen hohen geist. Wesen
Aufleuchten des alten geistigen Indertums.
Rishi-Weisheit.
Religion der Einheit.
Harmonie durch Liebe zu DER ALLES, zum Geist Gottes in jedem Menschen. Bewußtes Erkennen + Erleben der geistigen Brüderlichkeit
7.
immer stärker werdendes ICH-Bewußtsein.
schwaches ICH-Bewußtsein – noch hellseherische Fähigkeiten. Innere Verbundenheit zur geistigen Welt.
Einheit
2. ur-persische Kultur
Geistige Widerspiegelung des zweiten Erdzustandes nach dem Loslösen der Sonne von der Erde: Erde + Mond
Zweiheit
Aufleben der Zarathustra-Religion.
Religion der Zweiheit.
Gut – Böse.
6.
Beginnendes Wieder-Erleben der Geistigen Welt durch wachsendes, erweitertes ICH-Bewußtsein, das immer mehr die ewige Existenz des Geistigen wahrnimmt.
Zweiheit
immer tieferes Herabsteigen in die Materie. Herabdämmerndes Bewußtsein. Dämmerung im Geistigen; aufleuchtendes, heller werdendes Bewußtsein zugunsten des Physischen, der Materie.
3. alt-ägyptische Kultur
Widerspiegelung des 3. Erdzustandes nach dem Loslösen des Mondes von der Erde = Erde/Sonne/Mond = Dreiheit
Wiederbelebung der alt-ägyptischen Kultur in der Dreigliederung.
Religion der Dreiheit:
Vater/Sohn/Heiliger Geist
5.
Wachsendes ICH-Bewußtsein, nur möglich durch innere Freiheit. Allmählich beginnender Erkenntnisprozeß: die Notwendigkeit des Loslösens von allen Blutsbanden, eigenen Emotionen, Stimmungen; von Menschen, Situationen, usw. Der Mensch ist immer mehr auf sich selbst gestellt.
Dadurch Chance zur inneren Freiheit und beginnende geistige Erkenntnis, die die geistige Brüderlichkeit zu allen Menschen erkennen läßt.
Dreiheit
Entwicklung des Ego-Bewußtseins – Selbst-Bewußtsein – aufs Physische ausgerichtet.
griech.-latein. Kultur
4.
Christus-Impuls
Diese untere Epoche mit dem Erscheinen des Christus steht allein da. Sie durchdringt von unten alle bisherigen und kommenden Epochen mit dem Impuls der Liebe. CHRISTUS als der individualisierte Geist Gottes in jedem Menschen.
tiefster Punkt: tiefes, bewußtseinsmäßiges Herabsinken des Menschen in die Materie

Konzentrieren Sie sich noch einmal auf den Zustand der Erde in der allerersten Zeit, nachdem die Sonne mit allen hohen Wesen die Erde verlassen hatte – sich von der Erde getrennt hatte; und zurückgeblieben war die »Erde + Mond« mit allen düsteren Kräften. »Wo bleibt die Romantik des Mondes, von der man spricht? Wir dürfen etwas sehr Wesentliches nicht außer Acht lassen: was in der Evolution niedrig, böse wird, das unterliegt immer einer bedeutungsvollen Tatsache: Was tief heruntergestiegen ist in niedere Sphären, muß durch andere, vollkommenere Wesen gereinigt werden, in die Höhe gebracht und ›geläutert‹ werden. Wenn wir irgendwie eine Stelle im Weltall finden, wo besonders niedrige Wesen sind, so können wir sicher sein, daß mit diesen niederen Wesen andere, ›höhere‹ verbunden sind, welche eine so große Macht des Guten, Schönen, Herrlichen haben, daß sie geeignet sind, auch die niedersten Kräfte noch zum Guten zu lenken. Deshalb ist es wahr, daß all das Niedere mit dem Mondendasein verknüpft ist, auf der anderen Seite aber sind mit ihm hohe, höchste Wesen verbunden.

So hat sich mit dem Mond eine hohe, sehr hohe geistige Wesenheit verbunden, die mit Jahve oder Jehova bezeichnet wird. Eine so hohe Wesenheit mit einer solchen Macht und Herrlichkeit hat aber unter sich in ihrer Tätigkeit große, große Scharen von ›dienenden‹ Wesen guter Art. So daß wir uns vorstellen müssen, daß bei der Trennung des Mondes von der Erde wohl alles

Niedere mit dem Monde mitgegangen ist, daß aber zugleich diejenigen hohen Wesen, die in der Lage sind, das ›Schlechte ins Gute‹, das ›Häßliche ins Schöne‹ zu verwandeln, mit dem Monde verbunden geblieben sind. Warum aber überhaupt mußte das entstehen, was da als Häßliches und Böses existiert? Es mußte entstehen, weil ohne die Einwirkung des Häßlichen und Bösen unmöglich etwas anderes hätte zustandekommen können: Es hätte der Mensch niemals ein in sich gestaltetes, geschlossenes Wesen werden können!« Er hätte keine Möglichkeit zur inneren Freiheit gehabt, er wäre weiterhin beeindruckt, durchdrungen gewesen von höheren geistigen Kräften, ihnen hingegeben und sie offenbarend. »Wäre der Mensch also nur von hohen und guten Kräften durchdrungen gewesen, hätte eine Abspaltung, eine Trennung nicht stattfinden können. Der Mensch wäre ein unfreies geistiges Wesen geblieben.« *Er hätte kein* ICH-BIN-ICH-*Bewußtsein entwickeln können.* Die menschliche Evolution – die großartige Entwicklung des Bewußtseins – hätte nicht stattfinden können.

»Wäre die Erde einzig der Sonne mit ihren höchsten Wesenheiten ausgesetzt geblieben, so hätte die Erde ein für den Menschen unmögliches Tempo eingeschlagen. Der Mensch hätte in seiner heutigen Form nicht entstehen können. Würden dagegen nur die Mondenkräfte gewirkt haben, wäre der Mensch sofort erstarrt; seine Gestalt würde sich im Augenblick der Geburt verfestigen, und er würde zur Mumie werden.

Zwischen diesen zwei Extremen entwickelt sich heute der Mensch. Er steht mitten darinnen:

a) zwischen unbegrenzter Beweglichkeit (das Wirken der Sonne)
b) und dem Erstarren in der Form (das Wirken des Mondes)

Weil in dem Monde die ›formenden‹ Kräfte sind, ist auch der physische Mond zur Schlacke geworden. In diese Formen hineinwirken können nur die hohen, starken Wesen, die mit dem Monde in Verbindung sind.

So wirken auf die Erde unter anderem zwei Kräfte ein: die Sonnen-Kräfte und die Monden-Kräfte, die einen treibend, die anderen mumifizierend. In einer gewissen Harmonie steht der Mensch zwischen diesen Kräften.

Eines der hohen Sonnenwesen war eine Kraft, die die Ägypter mit OSIRIS bezeichneten. OSIRIS ist ein Sonnenwesen. Die OSIRIS-Wesenheit hat die Kraft des Sonnenlichtes in sich. Als die Sonne sich von der Erde löste, ist nicht nur JAHVE als hohes Wesen zurückgeblieben auf ›Erde + Mond‹, sondern auch die OSIRIS-Wesenheit opferte sich. Auch sie blieb auf ›Erde + Mond‹ zurück. Und als sich später der Mond von der Erde trennte, gingen mit dem Monde Jahve und die Sonnenwesenheit OSIRIS, die die Kraft des Sonnenlichtes in sich trägt und das Sonnenlicht vom Monde zurückstrahlt. (Alles äußere Geschehen, das von Naturwissenschaftlern erkannt wird, hat einen geistigen Hintergrund, die Ursache, die von Geisteswissenschaftlern wahrgenommen wird. Alles Äußere sind Wirkungen geistiger Ursachen.) Vorher hatte der Mensch die OSIRIS-Wirkung von der Sonne her – und *jetzt* strömte sie ihm vom Monde zu.

Wer heute eine physikalische Beschreibung zum Beispiel der Sonne liest oder hört, der hat nicht das ›Wesen‹ der Sonne kennengelernt. Diese heutige Beschreibung der Sonne ist genausoviel Wert, wie wenn jemand als das Wesen des Menschen seinen ›Leichnam‹ beschreibt. Genau das machen viele der heutigen Naturwissenschaftler, daß sie uns mit ihrem Weltbild Leichname präsentieren.

Wenden wir uns nun wieder dem Monde zu:

Der Mond hat achtundzwanzig Phasen:

a) vierzehn Phasen vom Neumond bis zum Vollmond
und
b) vierzehn Phasen vom Vollmond bis zum Neumond.

Vom Neumond bis zum Vollmond ist die OSIRIS-Wirkung da.

Vom Vollmond bis zum Neumond ist die ISIS-Wirkung da.

Die Wirkung, die bis zum Neumond da ist, wird für das ägyptische Bewußtsein durch die ISIS erreicht. Da heute das Bewußtsein von diesen wesenhaften Kräften und Wirkungen verlorengegangen, herabgesunken ist ins Unbewußte, müssen wir auf die Überlieferungen und damit auch auf die Begriffe, das Vokabular der Vorfahren zurückgreifen. Jede Epoche hat ihre Beschreibungen und Begriffe. Unser heutiges Bewußtsein ist ausgerichtet auf das Erfassen der äußeren, sichtbaren Welt – es ist ein vorwiegend »technisches« Bewußtsein, dem wir die teilweise großartigen Errungenschaften unseres Zeitalters zu verdanken haben. Diese einseitige Ausrichtung ging allerdings zu Lasten geistig-seelischer Werte. Der frühere Mensch hatte ein Bewußtsein, das vorwiegend auf das Erfassen der geistigen Welt gerichtet war; seine großartigen Errungenschaften waren geistiger Art, wie sie in unserer heutigen Zeit unter anderem auch noch Rudolf Steiner (1861–1925) zu eigen waren, den ich hier aus seinem Werk »Ägyptische Mythen und Mysterien« weiter sprechen lasse:

»OSIRIS und ISIS sind Namen, die dem ägyptischen Bewußtsein entsprechen. Namen für hohe Kräfte und Wesenheiten, die jetzt vom Monde auf den Menschen einwirken. (Die alten Griechen erfaßten mit ihrem damaligen Bewußtsein ebenfalls dieselbe Kraft, denselben Gott, dem sie den Namen APOLLO gaben. Was die Ägypter mit ihrem Bewußtsein als OSIRIS bezeichneten, benannten später die Griechen mit APOLLO. Es ist dieselbe Kraft.)

Auf was wirken die Kräfte dieser OSIRIS-ISIS-Wesenheit ein? Auf die Nervenstränge wirken sie ein. Exakt ausgedrückt auf achtundzwanzig unserer Nervenstränge. Die OSIRIS-Kraft wirkt in den vierzehn Tagen vom Neumond zum Vollmond auf den Menschen ein – auf vierzehn Nervenstränge –; und die ISIS-Kraft wirkt in den folgenden vierzehn Tagen vom Vollmond zum Neumond auf weitere vierzehn Nervenstränge ein; das ergibt den Achtundzwanzig-Tage-Zyklus. Die kosmischen Kräfte wirken so, daß den achtundzwanzig Phasen oder Gestalten des Mondes achtundzwanzig unserer Nervenstränge entsprechen.«

Diese Vorgänge konnten die Weisen, Eingeweihten und Hohepriester erleben, da sie sich mit ihrem Bewußtsein in diese kosmischen Zustände einschalten konnten – und in Form von Symbolen, Zeichnungen, und natürlich Erzählungen das wiedergaben, was sie erfahren und erkannt hatten. Die Wiedergabe dieser Erlebnisse war immer auf den Bewußtseins-Zustand der jeweiligen Kultur-Epoche ausgerichtet.

»OSIRIS repräsentiert das männliche Prinzip und ISIS das weibliche.« Sie repräsentieren das männliche und weibliche Prinzip in einer hohen geistigen Form – wie sie uns in fernen zukünftigen Kultur-Epochen einmal entsprechen wird. Mit ihrer Wirkung durchströmen sie uns mit einem geistigen Urbild, das als Fernziel in uns liegt und uns leitet – unbewußt. Der Sohn Horus, die geistige Kraft, die aus der geistigen Vereinigung vom männlichen und weiblichen Prinzip des OSIRIS und der ISIS entstanden ist, wirkt als ein weiteres geistiges Urbild und Leitbild im Unbewußten des Menschen.

Denken Sie an dieser Stelle noch einmal an die Ausführungen von HERMES TRISMEGISTOS. Er erläuterte im Siebten GESETZ DES GEISTIGEN GESCHLECHTS das EGO- und ICH-Prinzip. Der männliche ICH-Aspekt setzt seinen befruchtenden, ausführenden Willensimpuls ein, so daß der weibliche EGO-Aspekt Ideen gebiert und aktiv entfaltet. Aus dem Zusammenwirken des geistigen ICH- und EGO-Bereichs, des Männlichen und Weiblichen, wird der geistige Nachwuchs, die Idee, erzeugt.

OSIRIS-ISIS-HORUS. Nicht um Namen geht es – sie wandeln sich immer – gemäß der jeweiligen Kultur-Epoche; es geht um wirkende Kräfte und Wesenheiten.

Wie Sie aus der Skizze Nr. I ersehen, spiegelt sich in unserer fünften nachatlantischen Kultur-Epoche, in welcher wir jetzt leben, die dritte nachatlantische, die alt-ägyptische wider. Die Dreiheit der ägyptischen Epoche in OSIRIS-ISIS-HORUS widerspiegelt sich in unserer Kultur-Epoche in der Dreiheit VATER-SOHN-HEILIGER GEIST (oder auch als weiteres christliches Dreiheits-Symbol: Joseph-Maria-Christus).

Bei HERMES-TRISMEGISTOS begegnen wir der Dreiheit im Siebten GESETZ DES GEISTIGEN GESCHLECHTS: Das ICH, der männliche Vater-Aspekt, befruchtet mit seinem Geist und Willen das EGO, den weiblichen Mutter-Aspekt (den seelischen, aufnehmenden Teil), und es wird eine Idee geboren, ein Begriff, der Logos, die kindliche Reinheit, Wahrheit und Wirklichkeit.

In der christlichen Esoterik spricht man ebenfalls von

der Dreiheit. Zwar unter einem anderen Gesichtspunkt als die Theologen, die sich auf die Geburt Jesus vor zweitausend Jahren konzentrieren, die sich also auf die historische Tatsache berufen, historische Tatsachen, die sich stets mit der Vergangenheit, mit etwas Gewesenem, mit etwas Totem befassen, wie in seinem Weihnachtsvortrag 1980 im Bernhard-Theater Zürich der Diplom-Psychologe Thorwald Dethlefsen (München) erläuterte. Unter dem Aspekt der christlichen Esoterik schildert er die Maria-Joseph-Christus-Dreiheit folgendermaßen:

Mit dem Wort Maria verwandt sind unter anderem die Begriffe Mare – das Meer; Mater – die Mutter; auch Materie (Christus, das Licht, das Unsichtbare, ist verborgen im Sichtbaren, in der Materie). In Mare, das Wasser, finden wir den Hinweis auf die Psyche, das Bewußtsein. Hierzu gehört auch die Symbolik, der Bezug zum Mond – und damit der Bezug zum Weiblichen. Maria-Mare-Mond. Das aufnehmende, das empfangende, das beeindruckbare Prinzip ist allem gemeinsam! »Die Seele«, so Thorwald Dethlefsen, »ist das Aufnehmende, das Weibliche im Menschen, und alle Mondgöttinnen symbolisieren dieses Urweibliche, dieses Uraufnehmende. Es ist der Mond, der beschienen wird, der nicht selber aktiv Licht abstrahlt, sondern abhängig ist davon, von einer Sonne, vom männlichen Pol, beschienen zu werden. Maria, das aufnehmende, empfangende Prinzip, ist das Symbol unserer Seele. Seele – ein geistiger Zustand – ein zeitloser Zustand.

Reine, unbefleckte, immerwährende Gegenwart. Gelöst von der Illusion der Zeit.

Die Offenheit gegenüber dem Geistigen, die Bereitschaft zum Aufnehmen, zum Empfangen ist eine Voraussetzung für die Befruchtung der Seele. Der christliche Mystiker, Meister Ekkehard, sagte: *›der Vater spricht das Wort in die Seele‹* (siehe HERMES: das ICH – männliches Vater-Geist-Prinzip – gibt das Wort ins EGO – weibliches Mutter-Seelen-Prinzip), *›und wenn der Sohn geboren ist, wird jede Seele Maria‹*. Und weiter: »Maria ist gesegnet, nicht, weil sie Christus leiblich trug, sondern weil sie ihn geistig gebar, und hierin vermag ein jeder ihr gleich zu werden.«

Nicht um Jesus geht es, das leibliche Kind, sondern um den in jeder menschlichen Seele lebenden GEIST GOTTES: CHRISTUS.

Thorwald Dethlefsen zur Symbolik der Joseph-Figur: »Joseph heißt wörtlich übersetzt: der, welcher hinzufügen soll. Er ist Zimmermann. Er erinnert vielleicht an den großen Weltenbauer, ein Synonym, das häufig für Gott verwendet wird. Gott ist der große Zimmermann, der Erbauer des Universums, der Erbauer der Welt, der Erschaffer der Formen. Joseph ist letztlich die zeitlich konkrete Ausdrucksform dieses aktiv männlich schaffenden Prinzips. Er ist auch Erbauer der Formen – und er ist Repräsentant des Großen Weltenbauers. Er repräsentiert die zeugende Kraft des schöpferisch bildenden Gottes im konkreten Zeitverband. Er konstruiert die materiellen Formen und ist damit die zeugende Kraft im Ausdruck der Gegenwart ... Das Christuskind in der Mitte ist nun das Zentrum des ganzen Geschehens. Es ist das göttliche Prinzip, der Lichtbringer, das wahre Selbst in uns, das Überselbst, das Urlicht, der Logos. Das Christus-Kind, als der Geistkeim in der menschlichen Seele; Maria.«

»Das Symbol des Göttlichen Kindes in den Armen Marias, der Mutter, ist nur *ein Symbol* für den in jedem Kind geborenen Christus. Der Vater *›individualisiert‹ sich in jedem einzelnen*; auf diese Weise offenbart sich die Geburt des Christus, des ewigen Sohnes Gottes, im irdischen Leben.« Dies ist ein Auszug aus den Johannesburger Reden von Dr. phil. Dr. theol. Murdo MacDonald-Bayne, niedergeschrieben in seinem Buch »Göttliche Heilung von Seele und Leib«[7]. Dr. Bayne: »Ihr könnt genausoviel von Gott sein, wie Ihr zu offenbaren bereit seid. Christus, der Sohn Gottes im Herzen der Menschheit, rührt den Menschen an und drängt ihn, zu seinem Göttlichen Bewußtsein zu erwachen, denn der Christus ist in allen und jedem einzelnen für immer lebendig; ewiger Friede ist im Herzen, wenn Ihr diese Wahrheit anerkennt. Wenn Ihr beginnt zu erkennen, daß alle Zeit Gegenwart ist, hört Ihr auf, Euch zu sehnen, hört Ihr auf, Euch nach künftigen Dingen zu sehnen, und ein großer Druck fällt von Euch ab. Wieviele

7 Aurum Verlag, D-Freiburg.

von Euch mühen sich heutzutage ab, weil sie nicht in der Allgegenwart leben, die allgegenwärtig ist. Ihr lebt in einer Vergangenheit und in einer Zukunft und überseht *jetzt* den herrlichen Ausdruck des Göttlichen Lebens. Im Geistigen zu leben, heißt, in der Wirklichkeit zu leben, nicht krampfhaft und in Grenzen. Wie kann es irgendeine Zeit oder einen Raum in der Unendlichkeit geben? Wisset, daß Ihr im Geist Gottes lebt, der allen Raum erfüllt, denn nichts gibt es, wo ER nicht ist. Das vollkommene Verstehen der Zeit als dem allein gegenwärtigen Moment, ohne Vergangenheit noch Zukunft, würde falsche Vorstellungen und ererbte Übel beseitigen. Nur das Gute, das der Mensch tut, hat irgendeine Lebensfähigkeit; darum hört auf, die Auswirkungen von Unwissenheit und Sünde und die Dinge der Vergangenheit ›festzuhalten‹. Ihr werdet geboren als Söhne und Töchter Gottes, weil der Christus, *der Geist Gottes*, in Euch ist. Wenn der Christus verwirklicht wird, werdet Ihr Euch selbst als seiend erkennen. Dann strömt die Flut der Liebe durch das verstehende Herz; dies liegt über der Fassungskraft jeder menschlichen Seele, die noch nicht erwacht ist. Nichts kam ins Dasein, außer durch den Christus. Wie Johannes sagte: ›Das Wort war bei Gott und das Wort war Gott und das Wort wurde Fleisch; und durch das Wort kam alles ins Dasein.‹ *Ich bin jenes Wort, ich bin das Wort Gottes, ich bin das Leben, ich bin der Herr.* Friede und Ruhe werden in Eure Herzen kommen, wenn Ihr erkennt, daß Ihr durch alle Stufen des Christus geht, von der Geburt bis zur Himmelfahrt. Ihr merkt jetzt, daß ich Euch nicht verlassen habe, sondern noch bei Euch bin. Ich bin in der Welt, in jedem einzelnen von Euch, indem ich die Welt verwandle und die Geister aller emporhebe, damit sie die innewohnende Wahrheit sehen, so daß sich alle Menschen ihrer Göttlichen Natur bewußt werden. Je mehr Ihr von Eurem wahren Selbst erkennt, um so mehr werdet Ihr mich verstehen. Der am meisten begangene Fehler ist zu denken, daß ich und meine Jünger uns an irgendeinem weit entfernten Ort aufgehalten hätten, um dort zu warten auf irgendeinen zukünftigen Zeitpunkt, an dem Ihr am gleichen Ort ankommen möget, wenn Ihr den Paß erhaltet von irgendeiner Organisation, die behauptet, in der Lage zu sein, Euch den Eintritt zu verschaffen. Es gibt keinen solchen Ort, *nur einen Bewußtseins-Zustand;* und wir sind *jetzt* bei Euch. Je mehr Ihr dies erfaßt, um so mehr können wir in Euer Leben kommen und Euch helfen. Wer dies in sich realisiert, wird zum Christus-Bewußtsein erwachen, das heißt zu seinem höheren Selbst. Zu seinem ICH-BIN-ICH.

Da dieses aber Geist ist, wird er die Welt aus dem Geist heraus betrachten können und wird erleben, daß alles Geist – also Gott – ist. Er erwacht zum Gottes-Bewußtsein. Der Mensch kann nun Gott in der Welt überall wiederfinden dadurch, daß er sich des Christus-Gottes in sich bewußt geworden ist. Wenn Ihr anfangt zu verstehen, daß der Christus-Gottes in Eurem Inneren wohnt, werdet Ihr ihn nicht außen erwarten. Ihr werdet geführt und geleitet durch jene, die ihn bereits gefunden haben. Und wenn Ihr den Fußspuren folgt, die ich Euch hinterlassen habe, dann werdet Ihr den Christus finden, *›denselben Christus, der durch Jesus sprach‹* ... Euer Bewußtsein ist der Punkt, durch welchen sich Gott selbst ausdrückt, und es ist der Punkt, durch den Ihr Gott, den Christus in Euch, ausdrückt ... und dieser Christus lebt in Euch und ist Eure einzige Wirklichkeit – Euer wahres Selbst. Wenn Ihr beginnt, dies zu verstehen, dann werdet Ihr Euer Bewußtsein über die Bedingungen hinaus erheben, die Euch umgeben, und in Euer wahres Geburtsrecht eintreten, den Christus-Gottes im Innern.«

OSIRIS – ISIS – HORUS VATER – MUTTER – SOHN JOSEPH – MARIA – CHRISTUS VATER – MUTTER – SOHN	} geistige Bewußtseinszustände

HERMES TRISMEGISTOS führt den männlich zeugenden ICH-Aspekt als das SEIENDE aus; den weiblich aufnehmenden, gebärenden EGO-Aspekt als das WERDENDE. Aus SEIN und WERDEN wird der LOGOS geboren.

Dies sind die verschiedenen Ausdrucksformen vom geistigen Prinzip des Menschen. Die Dreiheit führt zur

Einheit, in der Dreiheit ist die Einheit. Alle großen Denker und Philosophen aller Zeiten erkannten und anerkannten in allem die Einheit. DER ALLES in allem, und alles in DER ALLES. So sind alle Menschen und mit ihnen die ganze Natur durch diese Göttliche Einheit auf der geistig-seelischen Ebene miteinander verbunden. Es ist eine brüderlich-geistige Einheit. Jeder macht seine Erfahrungen, von denen der andere lernen kann. Wir brauchen einander. Wir gehören zusammen. Wir leben alle in derselben Einheit. Alle großen, wahren Religionen aller Kultur-Epochen haben dies erkannt. Sie verehrten den EINEN, wenn auch unter verschiedenen Namen.

Nach Dr. Murdo MacDonald-Bayne hat sich vor zweitausend Jahren Gott in der menschlichen Seele individualisiert als der Christus-Gottes. In jeder menschlichen Seele lebt die Göttliche Christus-Kraft. Die Seele ist befruchtet durch den Göttlichen Geist mit dem ICH-BIN-ICH-Impuls. Im ICH-BIN eines jeden Menschen lebt der Christus-Gottes, der individualisierte Gott. Dr. MacDonald-Bayne: »Es ist der Geist in Euch, der alles erschafft. Groß ist der mächtige Geist Gottes, wie ICH ihn kenne, doch die Sinne offenbaren Euch dies nicht. *Das, was unsichtbar ist, ist wirklicher als das, was Ihr seht, und aus dem Unsichtbaren ist alles, was Ihr seht, gekommen. Der Geist, das Unsichtbare, ist die belebende Kraft und bringt jede Form ins Dasein.* Geist erschafft die Dinge, indem er zu den Dingen wird, die er erschafft. Geist ist vollkommen in sich selbst. Geist ist alles, und alles ist Geist. Ein Teil des Geistes kann nicht von einem anderen getrennt sein; der sich offenbarende Geist ist nicht getrennt von dem nicht geoffenbarten Geist. Das Leben in Euch ist in keiner Weise getrennt von dem Leben Gottes. Im Hinblick auf dieses Wissen ist die Menschheit in ihrer Kindheit, doch viele beginnen das Drängen des einen Lebens, des ICH-BIN, zu fühlen.«

Jeder muß im Laufe seiner langen Entwicklung in sich das »Christus-Bewußtsein«, das ICH-BIN-DER-ICH-BIN-Bewußtsein erkennen und entwickeln. So wird stufenweise das Bewußtsein für immer höhere Geistige Ebenen vorbereitet, bis der Mensch in seinem ICH-BIN-ICH seine Göttlichkeit erkannt hat, sie in sich erlebt und zum Ausdruck bringen kann.

Wer sich mit dem rein äußeren Geschehen und Ablauf der Kultur-Epochen befaßt, kann natürlich nicht zu geistigen Erkenntnissen kommen. Er kann nur zu einer Kenntnis historischer Daten kommen. Aber auch hier: die Historie ist der »Leichnam« geistiger Geschehnisse. Geistige Geschehnisse, die leben und immer noch ihre Wirkungen haben.

Ich berichte Ihnen jetzt von Ägyptischen Einweihungen und von möglichen geistigen Schulungswegen, wie sie Rudolf Steiner schildert:

»In der alt-ägyptischen Einweihung wurde der Einzuweihende in einen totenähnlichen Zustand versetzt. Dreieinhalb Tage lang. Der Einzuweihende hatte eine lange, lange Schulung hinter sich, in der er durch geistige Übungen und einen entsprechenden Lebenswandel sein Wesen so geläutert hatte – und sein Bewußtsein so geschult hatte, daß er auserwählt wurde von den Hohepriestern für eine Einweihung. Die Hohepriester oder Hyrophanten halfen dann dem Einzuweihenden, daß er während dieses dreieinhalbtägigen totenähnlichen Zustandes mit seinem Bewußtsein sich in die Geistige Welt erhob und dort während dieser Zeit verblieb. Er wurde durch die Bereiche der Geistigen Welt geführt. Er sah und erlebte, was da vorgeht. Wenn der Hohepriester den Einzuweihenden wiedererweckte, so war dieser ein ›Erleuchteter‹ – ein ›Eingeweihter‹, so daß ein solcher, der eingeweiht war, aus seinen eigenen Erlebnissen heraus von den Wesen und Zuständen berichten konnte, die in der Geistigen Welt jenseits des physischen Planeten waren.

In der uralt-indischen Zeit war eine solche Einweihung nicht nötig. Die damaligen Menschen lebten noch hellseherisch in harmonischer Verbundenheit mit der Geistigen Welt, wie uns dies aus den Sammlungen der Veda, die das Heilige Wissen enthalten, überliefert ist. Die uralt-indischen Menschen hatten allerdings noch kein Interesse an der physischen Welt. Dieses Interesse erwachte erst in den späteren Kultur-Epochen. Immer aber blieb die Sehnsucht zu den geistigen Bereichen.

Und aus dieser Sehnsucht entstanden Mysterienstätten, Geheimschulen, in denen ein hohes geistiges Wissen auserlesenen Schülern vermittelt wurde. Der große Initiator dieser Schulen war HERMES TRISMEGISTOS. HERMES – der Große Eingeweihte – und seine Lehrer unterrichteten in diesen Schulen unter anderem, wie man *in den physischen Erscheinungen die Taten der Götter wiederfand.* Den Schülern wurde die physische Welt als die ›Schrift der Götter‹ erläutert, so daß allmählich eine Liebe zur physischen Welt eintreten konnte.«

In dem heutigen sogenannten Bewußtseins-Zeitalter, in welchem wir leben, gibt es solche Geheimschulen kaum noch. Das früher geheime Wissen ist heute jedem, der offen ist, zugänglich.

Um sein Bewußtsein zu verändern, zu erweitern und dadurch die Möglichkeit zu haben, in andere geistige Dimensionen vorzudringen, sind etliche Voraussetzungen notwendig. Ein Gefühl der Verehrung und Liebe gegenüber der geistigen Welt ist eine der wesentlichen Voraussetzungen. Doch zuvor ist es notwendig, ein Wissen von der Existenz geistiger Welten und Kräfte sich erarbeitet zu haben.

Wenn Sie hin und wieder folgende Übungen machen, entwickeln sich in Ihnen allmählich geistige Anlagen und Fähigkeiten, die zum Erkennen geistiger Vorgänge beitragen:[8]

8 Aus: »Wie erlangt man Erkenntnisse der höheren Welten« von Rudolf Steiner, Rudolf-Steiner-Verlag, Dornach/Schweiz.

»Jeder Augenblick, in dem man sich hinsetzt, um in seinem Bewußtsein gewahr zu werden, was in einem steckt an abfälligen, richtenden, kritischen Urteilen über Welt und Leben, jeder solche Augenblick bringt uns der Erkenntnis näher. Und wir steigen rasch auf, wenn wir in solchen Augenblicken unser Bewußtsein nur erfüllen mit Gedanken, die uns mit Bewunderung, Achtung, Verehrung gegenüber Welt und Leben erfüllen. Wer in diesen Dingen Erfahrung hat, der weiß, daß in jedem solchen Augenblick Kräfte in dem Menschen erweckt werden, die sonst schlummernd bleiben. Für die Seele sind Verehrung, Achtung nährende Stoffe, die sie gesund, kräftig machen, vor allem kräftig zur Tätigkeit des ›Erkennens‹. Gibt man dem Körper Steine statt Brot, so erstirbt seine Tätigkeit. Ähnlich ist es mit der Seele: es sind Mißachtung, Antipathie, Unterschätzung des Anerkennenswerten, die Lähmung und Ersterben der erkennenden Tätigkeit bewirken.«

Weitere Übungen, die der Geheimschüler zum Erkennen geistiger Vorgänge in den früheren Geheimschulen und Mysterienstätten machen mußte, sind: Er mußte eine besondere Art des Zuhörens entwickeln: »Für den Geheimschüler ist es von ganz besonderer Wichtigkeit, wie er anderen Menschen beim Sprechen zuhört. Er muß sich daran gewöhnen, dies so zu tun, daß dabei sein eigenes Inneres vollkommen schweigt. Wenn man einem anderen zuhört, regt sich im Innern im allgemeinen Zuspruch oder Widerspruch. Viele Menschen fühlen sich oft gedrängt, sofort ihre zustimmende oder namentlich ihre widersprechende Meinung zu äußern. Es ist damit nicht gemeint, daß man nun ein solches inneres, gründliches Schweigen fortwährend zu erreichen sucht. Es ist lediglich als Übung gemeint. Als Anfang sollte man es nur in einzelnen Fällen tun, die man mit Vorsatz sich auswählt. In der Geistesforschung wird solches planmäßig geübt. Nur wer durch selbstloses Zuhören es dahin bringt, daß er wirklich von innen aufnehmen kann, still ohne Regung einer persönlichen Meinung oder eines persönlichen Gefühls, zu dem können die höheren Wesenheiten sprechen, von denen man in der Geisteswissenschaft spricht. Solange man noch irgendeine Meinung, irgendein Gefühl dem anderen beim Zuhören entgegenschleudert, schweigen die Wesenheiten der geistigen Welt.«

So gibt es eine Vielzahl geistiger Übungen, die der Geheimschüler beherrschen mußte und muß, mit denen er sein Bewußtsein erweitert und so zur Erkenntnis kam und immer noch kommt, die dann überliefert wurde und heute noch wird.

In »Wie erlangt man Erkenntnisse der höheren Welten« wird von vier Eigenschaften gesprochen, welche sich der Mensch auf dem sogenannten Prüfungspfade erwerben muß, um durch höhere Erkenntnis zu weiteren Bewußtseins-Dimensionen aufzusteigen:

»Die erste Eigenschaft ist die Fähigkeit, in den Gedanken das ›Wahre‹ von der bloßen äußeren Erscheinung zu scheiden – die Wahrheit von der bloßen Meinung.

Die zweite Eigenschaft ist die richtige Schätzung, die richtige Stimmung gegenüber dem Wahren und Wirklichen der Erscheinungen – keine Abwertung, Zweifels*sucht* und Geringschätzung.

Die dritte Eigenschaft besteht in der Gedankendisziplin: Gedankenkontrolle, Kontrolle der Handlungen, auch Beharrlichkeit, Duldsamkeit, Glaube durch Wissen und Vertrauen, und Gleichmut (das heißt Gelassenheit).

Die vierte Eigenschaft ist die Liebe zur inneren Freiheit und Unabhängigkeit (das Nicht-Festhalten an Menschen, Dingen, Situationen, Nicht-Festhalten an seinen eigenen inneren seelischen Zuständen und gedanklichen Einstellungen).

Diese vier Eigenschaften führen zur geistigen Höherentwicklung.

Ein bloßes verstandesmäßiges Begreifen dieser genannten Eigenschaften nützt nichts. Sie müssen der Seele so einverbleibt werden, daß sie zur inneren Gewohnheit werden.

Nehmen wir zum Beispiel die erste Eigenschaft: die Unterscheidung des Wahren von der Erscheinung. Der

Mensch muß sich so schulen, daß er bei jeglichem Dinge, das ihm gegenübertritt, ganz wie selbstverständlich unterscheidet zwischen dem, was unwesentlich ist, und dem, was Bedeutung hat. Man kann sich nur so schulen, wenn man in aller Ruhe und Geduld bei seinen Beobachtungen der Außenwelt immer wieder die dahingehenden Versuche macht. Schließlich haftet in natürlicher Weise der Blick ebenso an dem Wahren, wie er sich vorher an dem Unwesentlichen befriedigt hat.

Nicht auf Unterschätzung, sondern auf ›richtige‹ Einschätzung der täglichen Abläufe und Verrichtungen des Lebens kommt es in der zweiten Eigenschaft an. (Jeder Gedanke, jede Handlung, das ganze Leben bieten Erfahrungen, die zur Entwicklung beitragen können, wenn man sie offen und bejahend entgegennimmt, bereit, daraus zu lernen.)

Für die Beherrschung der dritten Eigenschaft, der ›Gedankendisziplin‹, muß man vor allem den Glauben ausrotten, als ob es ganz absonderliche, geheimnisvolle Verrichtungen sein müßten, durch die man zu höheren Erkenntnissen gelangt. Man muß sich klarmachen, daß von den Gefühlen und Gedanken ausgegangen werden muß, mit denen der Mensch ja fortwährend lebt, und daß er diesen Gefühlen und Gedanken nur eine andere Richtung geben muß. (Änderung der Pole.) Die meisten Menschen sind sich zunächst nur ihres Körpers bewußt, den sie mit sich herumtragen – nicht aber ihrer Seele und ihres Geistes sind sie sich bewußt. Der Geheimschüler wird sich der Seele und des Geistes bewußt – wie sich der gewöhnliche Mensch seines Körpers bewußt ist. Deshalb kommt es darauf an, die Gefühle und Gedanken in die rechte Richtung zu bringen. Dann entwickelt man die Wahrnehmungen für das im gewöhnlichen Leben Unsichtbare.«

Bei der vierten Eigenschaft kommt es darauf an, sich nicht an Menschen, Dinge, Situationen zu klammern. Jedes solches Klammern und Festhalten schwächt das eigene SELBST-Bewußtsein und behindert eine eigene, individuelle freie Entwicklung: darüber hinaus hindert es den anderen ebenso an seiner für ihn notwendigen Entfaltung.

In meinem OMEGA-TRAINING gibt es mehrere Übungen, die ich nicht schriftlich darstellen kann, da sie nur nach vorheriger gründlicher Erläuterung und Diskussion ausgeführt werden. Bei geisteswissenschaftlichen Übungen muß man darauf achten, daß man diszipliniert bei der Übung bleibt und sich nicht allen beliebigen Träumereien hingibt. Wichtig für eine positive geistige Entwicklung ist, daß man bei klassischen geisteswissenschaftlichen Übungen bleibt. »Wer sich allen möglichen Übungen hingibt, die er hier und da hört und liest«, so Rudolf Steiner, »der muß in die Irre gehen und wird sich bald in uferloser Phantastik befinden. Es ist wichtig bei allen wahren geisteswissenschaftlichen Übungen, immer die volle bewußte Herrschaft über sich selbst zu bewahren. Verstandesklar muß man in jedem Augenblick bleiben. (Dadurch wird auch der Verstand für den Alltag geschärft.) Bei Übungen dieser Art kann man nach einiger Zeit schon ganz erhebliche Fortschritte gemacht haben, ohne daß sie sich in der Weise zeigen, wie man es vielleicht erwartet hat. Wer dies nicht bedenkt, wird leicht die nötige Beharrlichkeit verlieren und nach kurzer Zeit alle Versuche aufgeben. Die Kräfte und Fähigkeiten, welche man zu entwickeln hat, sind anfänglich von sehr zarter Art. Ihre Wesenheit, ihre Art, ist eine ganz andere, als die, wovon man sich vorher Vorstellungen machte. Der Mensch ist ja nur gewohnt, sich mit der physischen Welt auseinanderzusetzen, die geistige und seelische entzieht sich ja seinen Bildern und Begriffen. Es ist daher gar nicht zu verwundern, wenn jetzt, wo sich durch solche beharrlich ausgeführten Übungen in ihm geistige und seelische Kräfte entwickeln, die er nicht sogleich bemerkt. So verlassen viele bald wieder den Weg zur Geisteswissenschaft, weil ihnen die Fortschritte nicht sogleich bemerkbar sind, viele verlieren den Mut. Mut und Selbstvertrauen aber sind zwei Lichter, die auf dem Weg zur Geisteswissenschaft nicht erlöschen dürfen. Wie man auch ein ›festes Ruhen in sich selbst‹ und ›einen klaren Sinn für alles‹ erwerben und bewahren muß.

Die meisten Menschen haben sich nur die Fähigkeit erworben, über bloße äußere Erscheinungen nachzudenken. Mit einem solchen an äußeren Dingen geschulten Nachdenken kann man nicht an geistige Dinge herangehen.

Wer höhere Bewußtseins-Dimensionen erreichen will, braucht dafür ganz bestimmte Kräfte, die er unter anderem erreicht durch Eigenschaften wie Mut und Furchtlosigkeit. Um zu einer Bewußtseins-Erweiterung und damit zu anderen Dimensionen zu gelangen, muß man einer Gefahr ruhig ins Auge schauen, Schwierigkeiten ohne Zagen überwinden wollen. Die seelischen Kräfte, die man durch Mut und Furchtlosigkeit erreicht, sind wesentlich, um in andere Dimensionen vorzustoßen. Hierzu gehört, daß ein Mißerfolg keine Mutlosigkeit aufkommen läßt. Jeder Mensch kann von den geistigen Geheimnissen nur so viel wahrnehmen, wie dem Grad seiner Reife entspricht. Nur deswegen gibt es Hindernisse zu den höheren Stufen des Wissens und Könnens, denn geistige Fähigkeiten reifen an Hindernissen.

Für manche Menschen ist das gewöhnliche Leben selbst schon ein mehr oder weniger unbewußter Einweihungsprozeß. Es sind das diejenigen, welche durch reiche Erfahrungen von solcher Art durchgehen, daß ihr Selbstvertrauen, ihr Mut und ihre Standhaftigkeit in gesunder Weise groß werden und daß sie Leid, Enttäuschung, Mißlingen von Unternehmungen mit ›Seelengröße‹ und besonders mit ›Ruhe‹ und in ›ungebrochener Kraft‹ ertragen lernen.«?

»Seelische Kräfte können wir besonders in Gemeinschaft mit anderen entwickeln. An den Widerständen und Schwierigkeiten, die aus dieser Gemeinschaft entstehen, entwickeln wir unsere Kräfte. Und diese Kräfte, die wir durch die Hilfe der anderen errungen haben, sollten wir auch mit ihnen teilen.«

Ihnen, mein lieber Leser, wünsche ich viel Glück bei Ihrem Bemühen, im Sinne des OMEGA-TRAININGS® zu leben. Gestalten Sie Ihr Leben in innerer Freiheit, selbständig und offen denkend mit dem Wissen von der schöpferischen, alles durchdringenden und gestaltenden Macht und Liebe von DER ALLES, der in Ihnen, in Ihrem ICH-BIN-ICH lebt und wirkt – wie in jedem anderen auch. Meine Ausführungen sollen Ihnen helfen, den tiefen, wunderbaren, schöpferischen Sinn in Ihrem jetzigen Leben und in Ihrer gesamten Entwicklung zu erkennen. So wünsche ich Ihnen von Herzen ein erfülltes Leben voll Mut, Furchtlosigkeit, Frieden, Freude und Harmonie – vor allem voll Liebe und Geborgenheit in DER ALLES.

Um dies zu erreichen, sollten Sie Ihr Bewußtsein trainieren, sich jeden Tag für kurze Augenblicke mit dem Gedanken erfüllen, daß alles, was ist, ein Produkt des ewig schaffenden Göttlichen Geistes ist; daß in allem Gesetzmäßigkeit, System und eine geistige Aufwärtsentwicklung zu erkennen ist für den, der sich offen denkend mit geistigen Gegebenheiten auseinandersetzt, der sich allmählich ein geistiges Wissen aneignet. Und daß jeder Mensch als geistiges Ebenbild von DER ALLES, der in ihm lebt, ebenso ständig geistig schöpferisch tätig ist und durch seinen Geist, sein Denken und Handeln sich seine individuellen inneren und äußeren Situationen schafft gemäß dem sechsten Gesetz des HERMES TRISMEGISTOS von Ursache und Wirkung. Erkennen Sie die große Macht Ihres schöpferischen Geistes, und gestalten Sie durch ihn Ihr Schicksal mit dem Einsatz Ihres Willens.

Ein tiefer, erfüllender Sinn und Freude kehren in Ihr Leben ein. Viel Glück bei der schöpferischen Gestaltung Ihres neuen Lebens.